무역용어
지식사전

무역실무와 해설을 곁들인

무역용어 지식사전

인터넷 검색보다 빠르고
AI 검색보다 정확한 무역용어해설

이기찬 지음

중앙경제평론사

머리말

무역 일을 시작하기 전에 무역용어 때문에 고민하는 사람들이 많다. 책에 나오는 생소한 무역용어 때문에 스트레스를 받기도 한다. 하지만 크게 걱정할 필요는 없다. 무역거래라는 것이 품목이나 거래처와의 관계 등에 따라 워낙 다양한 형태로 이루어지기 때문에 책에 나오는 무역용어 중에 각자에게 필요한 것은 극히 일부분에 불과하다.

인코텀즈만 하더라도 책에는 11가지 조건에 대한 설명이 복잡하지만 실제로 11가지 조건을 다 쓰는 회사는 없다. 많아 봐야 네 가지 또는 다섯 가지 조건을 사용하고 두세 가지 조건만 사용하는 회사도 많다. 신용장의 경우에도 책에는 특수신용장에 대한 설명이 넘쳐나지만 신용장을 사용하지 않는 회사도 많고 일반적인 무역거래와는 전혀 상관없는 용어들이 대부분이다.

운송이나 보험, 통관 등과 같이 외부업체에서 처리해 주는 업무와 관련된 용어 중에도 무역업체에서는 몰라도 되는 용어도 많고, 일반상품만 취급한다면 원자재 무역거래에 사용되는 특수용어까지 알 필요가 없다. 국내에서 일반상품을 사거나 팔기 위해서 자동차나 기계류를 사고팔 때 등장하는 리스 관련 용어나 농수산물 경매시장에서 사용하는 경매 관련 용어를 알 필요가 없는 것과 마찬가지다.

일단 무역 일을 시작하기 전에 기초적인 무역실무와 일반적인 무역거래에서 사용하는 기본적인 용어만 이해하고 일을 하다가 모르는 용어가 나오면 그때마다 해당 용어의 뜻을 확인하면 된다.

문제는 새로 등장하는 무역용어의 뜻을 어떻게 신속하고 정확하게 확인할 수 있느냐 하는 것이다. 인터넷 검색을 통해서 즉석에서 용어의 뜻을 확인할 수 있으나 사전적 해석에 그치는 경우가 많아서 실무에 적용하는 데는 한계가 있다. 책을 통해서 확인하려면 실무와 상관없는 이론이 포함된 장문의 설명을 이해하느라 시간이 걸린다.

이 책에서는 기초적인 무역실무와 함께 다양한 무역현장에서 일하는 데 필요한 용어들을 영어와 한국어로 분류하여 각각 알파벳, 가나다순으로 소개함으로써 현장에서 일하다가 모르는 용어가 나오면 즉석에서 확인할 수 있도록 하였다.

또한 무역용어에 대한 설명을 단순히 사전식으로 나열하는 데 그치지 않고 실무적으로 중요한 포인트에 대한 상세한 설명을 곁들임으로써 현장에서 활용하는 데 부족함이 없도록 하였다. 예를 들어 'FOB'를 찾아보면 FOB 조건으로 거래할 때 수출자와 수입자 중에 누가 보험을 들어야 하고 수출입원가계산을 어떻게 하는지를 확인할 수 있고, 'CBM'을 찾아보면 CBM을 계산하는 방법과 활용법에 대한 설명까지 확인할 수 있다.

이 책이 무역에 처음 입문하거나 무역현장에서 일하는 사람들이 무역용어에 대한 부담감을 떨쳐버리고 자신감을 갖는 데 도움이 되길 기원해 본다.

이기찬

차 례

신용장이란 무엇인가?

무역계약은 어떻게 하나?

해외거래처는 어떻게 개발하나?

무역운송, 이것만 알면 된다

1장

무역실무 기초

무역업무의 흐름

① 무역업무의 흐름은?

무역을 간단하게 정의하면 '무언가를 외국에 팔거나 무언가를 외국에서 사오는 것'이라고 할 수 있다. 결국 무역은 무언가를 사거나 파는 것이기 때문에 기본적인 업무의 흐름은 국내에서 물건을 사고파는 것과 큰 차이가 없다.

그러니 처음부터 무역이라고 생각하지 말고 국내에서 물건을 사고판다고 생각하고 접근하면 좀 더 쉽게 무역업무의 흐름을 이해할 수가 있다.

물건을 사거나 팔 때 가장 먼저 해야 할 것은 '어떤 물건을 누구에게 팔 것인가' 또는 '누구로부터 어떤 물건을 살 것인가'를 정하는 일이다. 따라서 무역업무의 흐름에서 첫 번째 해야 할 일은 바로 아이템과 거래처를 개발하는 것이다.

아이템과 거래처가 정해지면 거래당사 간에 가격을 비롯한 여러 가지 조건을 협의해야 한다. 이와 같이 셀러와 바이어 간에 가격이나 결제방식, 물품의 인도시기 등을 협의하는 것을 상담이라고 하고 그런 상담의 결과 모든 조건에 합의하는 것을 계약이라고 한다.

따라서 무역업무의 흐름에서 두 번째로 해야 할 일은 바로 상담을 통해서 계약에 이르는 것이다.

계약이 체결되면 국내거래에서는 계약된 물건을 보내고 받으면 끝나지만, 무역거래에서는 물건을 보내고 받는 것으로 끝나는 것이 아니라 보험도 들어야 하고 통관도 해야 한다.

따라서 무역업무의 흐름에서 세 번째로 해야 할 일은 운송, 보험, 통관업무를 처리하는 것이다.

② 적하보험과 통관이란 무엇인가?

무역거래를 위해서 가입하는 보험을 적하보험이라고 한다. 적하積荷라는 용어에서 '적'자는 적재하다, 선적하다 할 때 '적'자로 물건을 싣는다는 뜻이고 '하'자는 하역하다, 하차하다 할 때 '하'자로 물건을 내린다는 뜻이다. 따라서 적하보험은 물건을 실을 때부터 내릴 때까지, 즉 물건이 이동 중 발생하는 사고로 인한 손해를 보상해 주는 보험을 뜻한다.

국내에서 물건을 사고팔 때는 이런 적하보험에 가입하지 않지만, 무역거래에서는 반드시 적하보험에 가입해야 한다. 왜냐하면 무역거래는 장거리 운송을 해야 하고 거래규모가 크기 때문에 사고가 발생했을 때 손해를 감당하기가 힘들기 때문이다.

한편 통관通關은 통과할 '통'자에 세관 '관'자의 약어로서 세관을 통과하는 절차를 뜻한다. 세관에서는 통관 과정에서 물건이 외국으로 나가거나 외국에서 국내로 들어와도 되는지를 심사하고 수입품에 대해서 관세를 부과한다.

이 통관이야말로 국내거래와 무역거래를 구분하는 가장 큰 차이라고 할 수 있다. 통관은 물건이 국경을 넘어갈 때만 필요한 절차이기 때문에 같은 나라 안에서 물건을 사고파는 국내거래에서는 통관이 필요 없지만 외국으로 물건이 나가거나 외국에서 물건이 들어오는 무역거래에서는 반드시 통관 절차를 거쳐야 하기 때문이다.

③ 운송, 보험, 통관 업무는 누가 처리해 주나?

이와 같이 무역업무는 3단계로 이루어지는데 여기서 중요한 것은 무역회사에서 직접 처리하는 업무는 2단계, 즉 계약까지라는 점이다. 3단계 운송, 보험, 통관 업무는 무역회사에서 직접 처리하지 않고 외부업체에 맡기게 된다. 일종의 아웃소싱이라고 할 수 있다.

그럼 운송, 보험, 통관 업무는 누가 처리해 줄까? 우선 운송업무를 처리해 주는 업체를 포워더Forwarder라고 한다. 포워더는 여행사라고 생각하면 된다. 우리가 해외여행을 갈 때 항공권을 예약하고 호텔을 예약하는 일은 인터넷을 통해서 직접 할 수도 있지만, 여행사를 통하면 좀 더 쉽고 빠르고 싸게 구할 수 있다.

마찬가지로 무역의 경우에는 사람 대신 물건이 여행을 해야 하므로 누군가는 컨테이너를 빌려주고 선박이나 항공기를 예약해야 하는데 이런 업무를 처리해 주는 업체를 포워더라고 한다. 무역을 안 해 본 사람들은 운송을 어떻게 할지 걱정이 많지만 실제로 무역을 해 보면 우리가 이사할 때 이사업체에 맡기면 되듯이 운송과 관련된 모든 업무를 포워더가 알아서 처리해 주므로 걱정할 필요가 없다.

보험업무는 당연히 보험회사에서 처리해 준다. 무역회사에서는 보험에 가입하고 사고가 났을 때 보험회사에 신고하고 보상을 받으면 된다. 우리가 자동차보험에 가입할 때 구체적인 보험약관까지 공부할 필요가 없듯이 적하보험과 관련된 복잡한 내용을 공부하느라 골머리를 썩일 필요가 없다.

마지막으로 통관업무는 관세사에서 처리해 준다. 수출입신고에서부터 관세환급에 이르기까지 통관과 관련된 모든 업무는 관세사에서 처리해 주기 때문에 책에 나오는 통관과 관련된 내용을 전혀 모르더라도 수출이나 수입을 하는 데 큰 문제가 없다.

결국 운송, 보험, 통관 업무는 각각 포워더, 보험회사, 관세사가 처리해 주므로 무역회사에서는 아이템과 거래처를 개발해서 계약에 이르기까지의 업무를 중점적으로 처리하면 된다.

④ 무역업무는 어떻게 분업화가 되어 있는가?

앞서 언급한 내용을 정리해 보면 무역거래 절차는 우선 수입자와 수출자가 계약을 체결하고 수출자는 수입자에게 물건을 보내야 하는데 이 과정을 무역회사에서 직접 처리하는 것이 아니라 외부업체에서 대신 처리해 준다.

관세사가 통관을 해주고 통관된 물건을 선적하고 운송해서 수입국에서 내릴 때까지의 모든 운송 관련 업무는 포워더가 처리해 주며 수입국에서의 통관업무는 현지의 통관대리인Customs Broker이 처리해 준다. 이와 같이 물건이 수출자로부터 수입자에게 가는 과정이 물 흐르듯 흘러간다고 해서 물류物流라고 한다.

즉, 무역업무는 분업화가 되어 있어서 무역회사에서는 계약업무를 담당하고 물류업무는 물류업체에서 담당한다고 정리할 수가 있다.

이런 식으로 물건은 수출자로부터 수입자로 가고 그 반대급부로 수입자는 수출자에게 물품대금을 결제해야 하는데 대금결제 업무의 주체는 은행이고 수출자와 수입자는 은행을 통해서 물품대금을 주고받기만 하면 된다. 우리가 국내에서 돈을 주고받을 때 따로 공부할 필요가 없듯이 대금결제와 관련된 복잡한 이론이나 절차를 모르더라도 무역거래에 따르는 물품대금을 주고받는 데 크게 문제 될 것이 없다.

여기서 무역업무를 처리하는 주체를 정리해 보면 계약업무는 무역회사, 물류업무는 물류업체, 결제업무는 은행이 된다. 무역회사에서는 계약에 이르기까지의 업무를 주체적으로 처리하고 물류업무는 물류업체, 결제업무는 은행에 의뢰한 다음, 해당 업무가 제대로 처리되는지를 확인만 하면 된다.

무역을 안 해 본 사람들은 이런 모든 업무를 무역회사에서 처리하는 줄 알고 지레 겁을 먹지만 실제로 무역 일을 해 보면 무역회사에서는 아이템과 거래처를 개발해서 계약에 이르기까지의 과정만 처리하고 나머지 복잡한 업무는 각각 물류업체나 은행에서 처리해 주므로 무역이라는 것이 생각보다 어렵지 않다는 사실을 깨닫게 된다.

인코텀즈란 무엇인가?

① 인코텀즈란 무엇인가?

인코텀즈Incoterms란 International Commercial Terms의 약어로서 국제상업회의소International Chamber of Commerce에서 제정한 정형거래조건에 대한 규칙이다. 11가지 조건별로 물건이 실릴 때부터 최종목적지에서 내릴 때까지 발생하는 비용과 위험을 거래당사자 간에 어떻게 분담할지를 정해놓은 것이 인코텀즈다.

② 왜 인코텀즈를 만들었나?

물품매매계약에서 가장 중요한 것이 가격을 정하는 일이다.

가격을 정할 때 그냥 얼마라고 정하면 문제가 생긴다. 물건이 판매자로부터 구매자에게 가는 동안에 발생하는 비용을 어떻게 처리할지에 따라서 가격이 달라지기 때문이다. 그래서 국내에서 물건을 사고팔 때도 배송료를 가격에 포함시킬지 여부를 명시한다.

국내거래에서는 발생하는 비용이 배송료밖에 없지만 무역거래에서는 운송비 외에 보험료와 통관비가 발생한다. 따라서 이와 같은 부대비용을 어디까지 가격에 포함시키느냐와 운송 도중 사고가 났을 때 누가 책임질지에 따라서 가격이 달라지기 때문에 가격을 정할 때 그냥 얼마라고 정해서는 안 되고 어떤 조건에서 얼마라고 정해야 한다.

하지만 무역거래를 할 때마다 그때그때 조건을 정하는 것이 쉽지가 않다. 그래서 만든 것이 정형거래조건이며, 정형거래조건에 대한 해석이 국가나 거래처에 따라서 다르면 혼선이 생기기 때문에 통일된 해석기준을 만들어 놓은 것이 바로 인코텀즈다.

3 인코텀즈가 실무적으로 중요한 이유는?

인코텀즈가 실무적으로 중요한 첫 번째 이유는 인코텀즈에서 규정한 위험의 이전시점에 따라서 보험을 누가 들지가 결정되기 때문이다. 내가 보험을 들어야 할 때 보험을 들지 않았다가 사고가 나면 엄청난 손해를 볼 수 있기 때문에 조건별로 수출자와 수입자 중 누가 보험을 들지를 명확하게 이해해야 한다.

인코텀즈가 실무적으로 중요한 두 번째 이유는 인코텀즈에서 규정한 비용의 분담에 따라서 수출입원가계산이 달라지기 때문이다. 수출자는 조건별로 자신이 부담해야 할 비용을 가격에 포함시켜서 수출가격을 계산해야 하고 수입자는 수출가격에 포함되지 않는 나머지 비용을 더해서 수입원가를 계산해야 한다.

수출가격이나 수입원가를 계산할 때 포함시켜야 할 비용을 정확히 반영하지 못하면 큰 손해를 볼 수도 있기 때문에 조건별로 가격에 포함시켜야 할 비용을 정확히 이해해야 한다.

4 인코텀즈에서 규정한 정형거래조건은?

인코텀즈에서는 모두 11가지 조건에 관해서 규정하고 있다. 11가지 조건을 조건명에 따라 분류하면 'E'자로 시작하는 EXW, 'F'자로 시작하는 FOB, FAS, FCA, 'C'자로 시작하는 CFR, CIF, CPT, CIP, 'D'자로 시작하는 DAP, DPU, DDP로 나눌 수 있다.

⑤ 11가지 조건별로 보험은 누가 들어야 하나?

이론상으로는 수입국에서 위험이 이전되는 DAP, DPU, DDP 조건에서는 수출자가 보험을 들고, 수출국에서 위험이 이전되는 나머지 8가지 조건에서는 수입자가 보험을 들어야 한다. 하지만 CIF와 CIP 조건에서는 위험의 이전이 수출국에서 이루어지지만 예외적으로 수출자가 수입자 대신 보험에 들도록 규정해 놓았다.

결론적으로 조건명에 'I'자나 'D'자가 들어간 5가지 조건에서는 수출자가 보험에 들고, 나머지 6가지 조건에서는 수입자가 보험에 든다고 정리할 수 있다.

⑥ 11가지 조건별로 원가계산은 어떻게 하나?

11가지 조건별로 수출가격과 수입원가를 계산하는 방법을 정리하면 다음과 같다.

EXW는 Ex Works의 약어로서 가격에 아무런 비용도 포함시키지 않는 조건이다. 따라서 수출자는 수출가격을 계산할 때 물건값에다 아무런 비용도 더하지 않고, 수입자는 수출자에게 지급하는 가격에다 공장에서 물건을 실을 때부터 발생하는 모든 비용을 더해서 수입원가를 계산하면 된다.

FOB는 Free On Board의 약어로서 지정된 선적항에서 물건을 선적할 때까지의 비용을 가격에 포함시키는 조건이다. 따라서 수출자는 물건 값에다 지정된 선적항에서 물건을 선적할 때까지의 비용을 더해서 수출가격을 계산하고, 수입자는 수출자에게 지급하는 가격에다 지정된 선적항에서 물건을 선적한 이후부터 발생하는 모든 비용을 더해서 수입원가를 계산하면 된다.

FAS는 Free Alongside Ship의 약어로서 지정된 선적항에서 물건을 선적하기 직전까지의 비용을 가격에 포함시키는 조건이다. 따라서 수출자는 물건 값에다 선적항에서 물건을 선적하기 직전까지의 비용을 더해서 수출가격을 계산하고, 수입자는 수출자에게 지급하는 가격에다 지정된 선적항에서 물건을 선적할 때부터 발생하는 모든 비용을 더해서 수입원가를 계산하면 된다.

FCA는 Free Carrier의 약어로서 수출국 내의 지정된 장소에서 운송인에게 물건을 인도할 때까지 발생하는 비용을 가격에 포함시키는 조건이다. 따라서 수출자는 물건 값에다 운송인에게 물건을 인도할 때까지 발생하는 비용을 더해서 수출가격을 계산하고, 수입자는 수출자에게 지급하는 가격에다 운송인에게 물건이 인도된 이후에 발생하는 모든 비용을 더해서 수입원가를 계산하면 된다.

CFR은 Cost and Freight의 약어로서 선적항에서 물건을 선적할 때까지의 비용 및 지정된 목적항까지의 운임을 가격에 포함시키는 조건이다. 따라서 수출자는 물건 값에다 선적항에서 물건을 선적할 때까지의 비용 및 지정된 목적항까지의 운임을 더해서 수출가격을 계산하고, 수입자는 수출자에게 지급하는 가격에다 보험료와 지정된 목적항에 도착한 이후에 발생하는 모든 비용을 더해서 수입원가를 계산하면 된다.

CIF는 Cost Insurance and Freight의 약어로서 선적항에서 물건을 선적할 때까지의 비용과 지정된 목적항까지의 운임 및 보험료를 가격에 포함시키는 조건이다. 따라서 수출자는 물건 값에다 선적항에서 물건을 선적할 때까지의 비용과 지정된 목적항까지의 운임 및 보험료를 더해서 수출가격을 계산하고, 수입자는 수출자에게 지급하는 가격에다 지정된 목적항에 도착한 이후에 발생하는 모든 비용을 더해서 수입원가를 계산하면 된다.

CPT는 Carriage Paid To의 약어로서 수입통관비용 및 보험료를 제외하고 지정된 목적지에 도착할 때까지의 운송비 등 모든 비용을 가격에 포함시키는 조건이다. 따라서 수출자는 물건 값에다 수입통관비용 및 보험료를 제외하고 지정된 목적지에 도착할 때까지의 운송비 등 모든 비용을 더해서 수출가격을 계산하고, 수입자는 수출자에게 지급하는 가격에다 보험료와 수입통관비용, 지정된 목적지에서 물건을 내리는 비용을 더해서 수입원가를 계산하면 된다.

CIP는 Carriage Insurance Paid to의 약어로서 수입통관비용을 제외하고 지정된 목적지에 도착할 때까지의 운송비 및 보험료 등 모든 비용을 가격에 포함시키는 조건이다. 따라서 수출자는 물건 값에다 수입통관비용을 제외하고 지정된 목적지에 도착할 때까지의 운송비와 보험료 등 모든 비용을 더해서 수출가격을 계산하고, 수입자는 수출자에게 지급하는 가격에다 수입통관비용 및 지정된 목적지에서 물건을 내리는 비용을 더해서 수입원가를 계산하면 된다.

DAP는 Delivered At Place의 약어로서 수입통관비용을 제외하고 지정된 목적지에 도착할 때까지의 모든 비용을 가격에 포함시키는 조건이다. 따라서 수출자는 물건 값에다 수입통관비용을 제외하고 지정된 목적지에 도착할 때까지의 모든 비용을 더해서 수출가격을 계산하고, 수입자는 수출자에게 지급하는 가격에다 수입통관비용 및 지정된 목적지에서 물건을 내리는 비용을 더해서 수입원가를 계산하면 된다.

DPU는 Delivered at Place Unloaded의 약어로서 수입통관비용을 제외하고 지정된 목적지에 도착해서 물건을 내릴 때까지의 모든 비용을 가격에 포함시키는 조건이다. 따라서 수출자는 물건 값에다 수입통관비용을 제외하고 지정된 목적지에 도착해서 물건을 내릴 때까지의 비용을 더해서 수출가격을 계산하고, 수입자는 수출자에게 지급하는 가격에다 수입통관비용을 더해서 수입원가를 계산하면 된다.

DDP는 Delivered Duty Paid의 약어로서 수입통관비용을 포함해서 지정된 목적지에 도착할 때까지의 모든 비용을 가격에 포함시키는 조건이다. 따라서 수출자는 물건 값에다 수입통관비용을 포함해서 지정된 목적지에 도착할 때까지의 모든 비용을 더해서 수출가격을 계산하고, 수입자는 수출자에게 지급하는 가격에다 지정된 목적지에서 물건을 내리는 비용을 더해서 수입원가를 계산하면 된다.

7 무역 일을 시작하기 전에 인코텀즈를 어디까지 공부해야 하나?

인코텀즈에서는 11가지 조건에 대해서 규정해 놓았지만 현장에서 일할 때 11가지 조건을 다 사용하는 경우는 없다. 많아야 네 가지 또는 다섯 가지 조건을 사용하고 두세 가지 조건만 사용하는 회사도 많다.

따라서 처음부터 11가지 조건을 완벽하게 이해하려고 애쓸 필요

없이 현장에서 주로 사용하는 조건 위주로 공부하고 나머지 조건은 사용하게 되면 그때 가서 자세한 내용을 확인해도 늦지 않는다.

현장에서는 주로 FOB와 CIF 조건을 사용한다. 그 이유는 무역 현장에서 일하는 사람들이 인코텀즈에서 규정한 11가지 조건을 완벽하게 이해하고 무역 일을 시작하기보다는 선임자로부터 두 가지 조건에 대한 설명만 듣고 일을 시작하는 경우가 많기 때문이다. 그래서 FOB와 CIF가 어떤 조건인지만 알아도 일단 무역 일을 시작할 수 있다.

무역서식에 가격을 표시할 때는 반드시 조건명과 함께 기재해야 하며 조건명 뒤에는 장소를 명시해서 해당 장소까지의 비용을 가격에 포함시킨다는 뜻으로 해석해야 한다. 예를 들어 'FOB BUSAN'이라고 하면 부산항에서 물건을 선적할 때까지의 비용을 가격에 포함시킨다는 뜻이며, 'CIF NEW YORK'이라고 하면 뉴욕항에 물건이 도착할 때까지의 비용을 가격에 포함시킨다는 뜻이다.

11가지 조건별로 가격에 포함되는 구체적인 비용에 대해서는 운송비는 포워더, 보험료는 보험회사, 통관비용은 관세사에 각각 문의하면 된다. 실무적으로는 이들 업체들이 서로 제휴해서 일괄적으로 관련 비용을 뽑아주기도 한다.

한편 당사자 간의 합의에 따라 인코텀즈의 규정과 다른 내용으로 계약하는 것도 가능하며, 인코텀즈에 없는 변형된 조건으로 계약하는 것도 가능하다. 예를 들어 인코텀즈에서는 EXW 조건의 경우 공장에서 물건을 싣는 비용을 수입자가 부담하도록 규정해 놓았지만 당사자끼리 합의해서 물건을 싣는 비용을 수출자가 부담하는 조건으로 계약할 수도 있으며, 철강 아이템의 경우 수출자가 물건이 선박에 적재될 때까지만 책임지는 FOB 조건 대신에 물건을 선박에 적재한 후 정리정돈해서 고정하는 작업까지 수출자가 책임지는 FOB ST LSD라는 변형 조건으로 계약하기도 한다.

또한 현장에서 인코텀즈의 규정을 무시하고 잘못된 조건으로 계약하는 경우도 많다. 예를 들어 인코텀즈에서는 FOB, CFR, CIF 등을 해상운송 전용규칙으로 규정해 놓았지만 현장에서는 항공운송에서도 이들 조건을 사용하는 경우가 많으며 컨테이너 운송의 경우 FOB, CFR, CIF 조건 대신에 FCA, CPT, CIP 조건을 사용할 것을 추천하고 있지만 아직까지 FOB, CFR, CIF 조건이 광범위하게 사용되고 있다.

이와 같은 상황이 벌어지는 이유는 전 세계적으로 무역현장에서 일하는 사람들이 인코텀즈에서 규정한 11가지 조건의 특성을 완벽하게 이해하고 무역 일을 하기보다는 실제 계약 내용과는 상관없이 FOB, CFR, CIF와 같이 오래 전부터 사용하던 조건으로 계약하는 경우가 많기 때문이다.

따라서 현장에서 일할 때는 인코텀즈에서 규정한 내용에만 집착하지 말고 개별 조건별로 현장에서 실제로 사용하는 내용에 따라 융통성 있게 대처하는 것이 바람직하다.

인코텀즈에서 규정한 모든 내용을 완벽하게 마스터하려면 상당한 시간과 노력이 필요하다. 하지만 인코텀즈를 완벽하게 마스터해야만 무역 일을 할 수 있는 것은 아니다. 전 세계적으로 무역현장에서 일하고 있는 사람 중에서 인코텀즈를 정식으로 공부하고 무역 일을 시작한 사람은 극소수에 불과하다. 현장에서 주로 사용하는 조건에 대해서 보험을 누가 들고 원가계산을 어떻게 하는지만 알면 실무적으로 크게 문제 될 것이 없다.

신용장이란 무엇인가?

① 무역대금결제는 어떻게 하나?

무역실무 관련 책들을 보면 다양한 결제방식에 관한 설명이 나오지만 일반적인 무역거래는 대부분 송금방식 또는 신용장방식으로 결제가 이루어진다.

송금방식은 보통 계약서에 'T/T'라는 약어로 표시하는데 이는 Telegraphic Transfer의 약어로서 수출자의 은행계좌로 물품대금을 송금하는 방식이다. 송금방식으로 물품대금을 주고받는 방식은 국내에서 판매자의 은행계좌로 돈을 보내고 받는 방식과 차이가 없다. 수출자는 수입자에게 자신의 계좌번호만 알려주면 되고, 수입자는 수출자의 계좌번호로 대금을 송금하면 된다.

송금방식으로 물품대금을 주고받는 것은 따로 공부할 내용이 없을 정도로 쉽고 간편하지만 문제는 물품대금을 언제 보내느냐 하는 것이다. 수출자 측에서는 물품대금을 먼저 보내라고 하고 수입자 측에서는 물품을 받고 물품대금을 보내겠다고 주장할 가능성이 높아서 서로 상대방의 신용을 믿을 수 없거나 거래금액이 큰 경우 송금시점에 합의하기가 쉽지 않다. 이와 같이 송금방식을 사용하기가 힘든 경우 대안으로 사용하는 것이 바로 신용장이다.

② 신용장이란 무엇인가?

신용장의 영문명은 Letter of Credit이며 현장에서는 L/C라는 약어를 사용한다. 신용장이란 은행에서 대금지급을 약속하는 증서로서 수출자는 은행에서 발행한 신용장을 믿고 먼저 물건을 선적한 후 운송회사로부터 운송서류를 발급받아 은행에 제출하고 수출대금을 지급받고, 수입자는 은행에 물품대금을 지급하고 운송서류를 전달받아서 운송회사에 제출하고 물건을 인수하면 된다.

신용장을 발행한 개설은행에서는 수입자와 상관없이 대금지급을 약속한다. 즉, 수입자가 물품대금을 결제하지 않더라도 수출자가 신용장에서 요구하는 모든 조건을 충족시키면 개설은행에서는 신용장대금을 지급해야 한다.

③ 신용장에서 요구하는 핵심적인 조건은?

첫 번째 조건은 Description of Goods, 즉 품명이다. 아무리 비싼 물건이라도 신용장에 명시되지 않은 물건을 선적하면 신용장대금을 지급받을 수 없다.

두 번째 조건은 Latest Date of Shipment, 즉 최종선적기일이다. 신용장에 명시된 물건을 싣더라도 최종선적기일이 지난 다음에 물건을 선적하면 신용장대금을 지급받을 수 없다.

세 번째 조건은 Documents Required, 즉 서류다. 신용장에 명시된 물건을 최종선적기일 내에 싣더라도 신용장에서 요구하는 서류를 제출하지 않으면 신용장대금을 지급받을 수 없다.

네 번째 조건은 Date of Expiry, 즉 유효기일이다. 신용장에서 요구하는 서류를 제출하더라도 유효기일이 지나서 제출하면 신용장대금을 지급받을 수 없다.

결론적으로 신용장이란 신용장에 명시된 물건을 최종선적기일 내에 선적하고 신용장에서 요구하는 서류를 유효기일 내에 제출하면 수입자의 대금결제 여부와 상관없이 개설은행에서 신용장대금의 지급을 약속하는 증서라고 정리할 수 있다.

④ 신용장에서 요구하는 서류는?

신용장에서는 상업송장Commercial Invoice, 포장명세서Packing List, 선하증권Bill of Lading 등을 요구한다.

상업송장은 물품명세서와 대금청구서 역할을 하는 서류로서 수출자가 발행하며 품명, 수량, 가격 등을 명시하고, 포장명세서는 포장내역을 표시하는 서류로서 수출자가 발행하며 포장내역 및 화물의 중량, 부피 등을 명시한다.

선하증권은 선박회사 또는 포워더가 발행하며 증권에 기재된 조건에 따라 화물을 운송하여 증권의 정당한 소지인에게 물품을 인도할 것을 약정하는 유가증권이다. 항공운송의 경우에는 선하증권 대신에 항공사 또는 항공화물운송대리점에서 발행하는 항공화물운송장Air Waybill을 요구한다.

이밖에도 보험회사가 발행하는 보험증권Insurance Policy과 수출자 또는 관련기관에서 발행하는 원산지증명서Certificate of Origin 및 각종 확인서Certificate를 요구하는 경우도 있다.

보험증권은 보험회사가 발행하는 보험가입 확인서로서 보험금액과 보험조건 등을 명시한다.

원산지증명서는 물건의 원산지를 확인해 주는 서류로서 일반적인 용도로 사용하는 일반 원산지증명서와 FTA 체결국 간의 관세 혜택을 부여하기 위해서 사용하는 FTA 원산지증명서로 나누어진다.

FTA 원산지증명서의 경우 FTA 체결 국가마다 요구하는 양식이나 발행처가 다르므로 별도로 확인해서 사용해야 한다. 국가별로 요구하는 FTA 원산지증명서 양식은 관세청에서 운영하는 FTA 포털사이트 자료실에서 확인할 수 있다.

무역 일을 시작하기 전에 무역서식에 대한 걱정은 하지 않아도 된다. 계약서 외에 수입자가 작성하는 서류는 신용장개설신청서 정도고, 수출자가 작성하는 서류는 상업송장과 포장명세서에 그치는 경우가 대부분이다.

이들 서류도 정해진 양식이 없고 회사마다 사용하는 양식이 다르기 때문에 미리 작성법을 연습할 필요가 없다. 회사에 들어가서 한 번만 작성하면 누구나 서식을 작성할 수 있다. 선하증권이나 보험증권같이 외부업체에서 작성하는 서류는 서식에 나오는 용어만 이해하면 된다.

5 신용장의 종류는?

일반적인 무역거래에서는 Irrevocable Documentary At Sight

L/C 또는 Irrevocable Documentary Usance L/C가 사용된다.

Irrevocable L/C란 관련당사자 전원의 동의가 없이는 일방적으로 취소할 수 없는 취소불능신용장을 뜻하며, Documentary L/C란 물건을 선적하고 서류를 제출하면 대금을 지급하는 신용장을 뜻한다.

At Sight L/C란 서류를 제시하는 즉시 대금이 지급되는 L/C를 뜻하며, 서류를 제시하고 나서 일정기간 후에 대금이 지급되는 L/C를 Usance L/C라고 한다.

결론적으로 일반적인 무역거래에서는 일단 개설되면 일방적으로 취소할 수 없으며 물건을 선적하고 서류를 제출하면 즉시 신용장대금을 지급해 주는 Irrevocable Documentary At Sight L/C 또는 일정기간 후에 지급해 주는 Irrevocable Documentary Usance L/C가 사용된다.

6 신용장 관련당사자는 누구인가?

신용장 관련당사자로는 Applicant, Beneficiary, Issuing Bank, Advising Bank, Negotiation Bank 등이 있다.

Applicant는 신용장을 개설해 달라고 요청하는 당사자로서 통상적으로 수입자가 되며, Beneficiary는 신용장대금을 지급받을 당사자로서 통상적으로 수출자가 된다.

Issuing Bank는 신용장을 발행하는 은행으로서 개설은행이라고 부르며, Advising Bank는 개설은행으로부터 신용장을 수신해서 수출자에게 전해주는 은행으로서 통지은행이라고 부른다.

Negotiation Bank는 개설은행 대신 수출자로부터 서류를 매입하고 대금을 지급해 주는 은행으로서 매입은행이라고 부른다. 수입국에 있는 개설은행과 수출자는 직접적인 거래 관계가 없기 때문에 통상적으로 수출국에 있는 매입은행으로 하여금 개설은행 대신 수출자로부터 서류를 매입하고 대금을 지급하도록 허용한다.

7 신용장방식의 거래는 어떻게 이루어지나?

일단 수입자가 개설은행에 신용장개설을 의뢰하면 개설은행에서 신용장을 개설해서 통지은행을 통해서 수출자에게 전달한다. 신용장을 접수한 수출자는 개설은행의 대금지급 약속을 믿고 물건을 선적한 다음, 신용장에서 요구하는 서류를 매입은행에 제출하고 수출대금을 회수한다.

수출자로부터 서류를 매입한 매입은행에서는 매입한 서류를 개설은행에 보내고 수출자에게 지급한 대금을 회수한다. 매입은행으로부터 서류를 접수한 개설은행에서는 수입자에게 서류 도착 사실을 통보한다. 수입자는 개설은행에 물품대금을 지급하고 서류를 인수해서 물건을 찾는다.

8 신용장거래의 문제점과 해결방안은?

우선 수입자의 경우에 신용장에 명시된 물건이 실리지 않아도 신용장대금을 결제해야 하는 문제가 있다. 그 이유는 선박회사나 포워더가 실제 어떤 물건이 실렸는지를 확인하고 선하증권을 발행하는 것이 아니고 수출자가 작성한 서류에 기재된 대로 선하증권을 발행하기 때문에 수출자가 마음만 먹으면 얼마든지 다른 물건을 실을 수 있기 때문이다.

은행에서도 실제로 어떤 물건이 실렸는지를 확인하지 않고 서류상으로만 확인한 뒤 수출자에게 대금을 지급하고, 수입자의 경우 물건을 확인하고 대금을 결제하는 것이 아니라 서류만 확인하고 대금을 결제해야 하기 때문에 다른 물건이 실리는 것을 막을 길이 없다.

이런 문제를 예방할 수 있는 유일한 방법은 해외지사나 에이전트 또는 SGS와 같은 전문검사업체로 하여금 선적 전에 신용장에 명시된 물건이 실리는지를 직접 확인하도록 하는 것이다.

수출자의 경우에는 물건은 아무 문제없이 선적했는데도 불구하고 서류에 하자가 있으면 대금지급을 거절당할 수 있다. 따라서 수출자는 서류작성 시 하자가 없도록 만전을 기하고 선하증권이나 보험증권같이 외부업체에서 발행하는 서류에 이상이 없는지도 꼼꼼하게 확인해야 한다.

9 신용장을 어디까지 공부해야 하나?

우리나라의 무역거래액 중 신용장 결제방식이 차지하는 비중은 10% 남짓에 불과하다. 아예 신용장을 사용하지 않는 회사도 있고, 신용장방식으로 거래한다고 해도 신용장업무의 주체는 무역회사가 아니라 은행이다. 수입자는 신용장개설신청서만 제출하면 되고 수출자는 신용장에 명시된 물건을 선적한 뒤 신용장에서 요구하는 서류를 제출하고 돈을 받으면 된다.

무역실무 책에는 신용장 관련 이론이나 일반적인 무역거래에서는 사용하지 않는 특수신용장에 대한 설명이 넘쳐나지만 책에 나오는 모든 내용을 마스터해야만 신용장업무를 처리할 수 있는 것은 아니다. 앞서 소개한 용어와 설명만 이해해도 신용장업무를 처리하는 데 크게 문제 될 것이 없다.

무역계약은 어떻게 하나?

① 계약조건이란 무엇인가?

계약조건이란 말 그대로 계약을 하기 위해서 합의해야 하는 조건을 뜻한다. 우리가 온라인 쇼핑몰에서 물건을 사기 전에 확인하는 것들이 있다. 물건의 디자인이나 성능과 함께 가격이나 배송일자 등을 확인해서 모든 것이 마음에 들면 구매버튼을 누르게 된다. 이와 같이 물건을 사기 전에 확인하는 것들을 일종의 계약조건이라고 할 수 있다. 무역거래에서의 계약조건이란 수출자와 수입자가 계약을 체결하기 위해서 합의하는 조건을 뜻한다.

② 계약조건에는 어떤 것들이 있나?

계약조건에는 품명, 수량, 가격, 선적시기와 방법, 결제방식 등이 있다. 품명은 계약의 대상이 되는 물건을 지칭하는 것으로 영문계약서에 기재할 때는 회사에 따라서 Item, Article, Product 등 다양한 명칭을 붙이지만 Description이라는 용어를 가장 많이 사용한다.

수량은 물건의 특성이나 포장방식에 따라서 몇 개, 몇 박스, 몇 톤 등으로 표시한다.

가격을 정할 때는 일단 단가Unit Price에 합의하고 단가가 정해지면 수량Quantity과 곱해서 총액Total Amount을 산출한다. 여기서 중요한 것이 가격을 정할 때는 반드시 FOB나 CIF와 같은 거래조건을 함께 정해서 계약서를 작성할 때 어떤 조건에서 얼마라고 표시해야 한다는 점이다.

또한 물건을 해상으로 운송할지 항공으로 운송할지를 정하고 선적지, 목적지, 선적시기 등을 합의해야 한다. 여기서 주목할 점은 국내거래에서는 납기 또는 납품일자라고 해서 언제까지 물건을 도착시킬 것인지를 합의하지만 무역거래에서는 여러 가지 변수가 있기 때문에 도착하는 날짜는 합의할 수가 없고 언제까지 선박이나 비행기에 실을 것인지를 합의한다는 것이다.

결제방식은 가격과 더불어 가장 합의하기 힘든 조건으로서 일반적인 무역거래에서는 송금방식 또는 신용장방식을 사용한다.

이밖에도 포장방식이나 보험조건, 원산지, 국제규격이나 인증 등에 대해서도 합의해야 한다.

③ 계약조건은 어떤 방식으로 합의하나?

계약조건은 이메일을 비롯한 통신수단을 통해서 합의한다. 일단 수출자나 수입자 중에 한곳에서 조건을 제시하면 상대방이 새로운 조건을 제시하고 완전한 합의에 이를 때까지 협상을 계속한다. 만약 계약조건 중에 하나라도 합의가 되지 않으면 계약은 깨지게 된다.

④ 계약서는 어떻게 작성하나?

모든 계약조건에 합의하면 계약서를 작성해야 한다. 수출자와 수입자 중 누가 계약서를 작성하고 계약서의 타이틀을 어떻게 달 것인지에 대해서는 정해진 것이 없다. 통상적으로 수출자가

'Proforma Invoice'라는 타이틀로 발행하거나 수입자가 'Purchase Order'라는 타이틀로 작성한다.

회사에 따라서는 'Proforma Invoice'라는 타이틀 대신 'Sales Note', 'Order Confirmation', 'Order Acknowledgement'라는 타이틀로 발행하기도 하고 'Purchase Order' 대신에 'Order Sheet', 'Purchase Note' 등의 타이틀로 발행하기도 한다. 이와 같은 계약서를 한쪽에서만 작성하기도 하고 양쪽에서 작성해서 주고받기도 한다.

한편 거래규모가 크거나 장기계약의 경우에는 앞서 언급한 계약서 외에 좀 더 구체적인 계약조건을 담아서 'Sales Agreement'나 'Sales Contract'라는 타이틀로 별도의 계약서를 작성한다.

5 계약서의 양식은?

무역거래에서 작성하는 계약서에는 정해진 양식이 없으며 회사마다 사용하는 계약서 양식이 다르다.

'Proforma Invoice'나 'Purchase Order'와 같은 계약서에는 Description, Quantity, Unit Price, Amount, Trade Terms, Packing, Shipping Port, Destination, Shipment Date, Payment 등

과 같은 합의된 계약조건을 명시해서 작성하면 된다.

Sales Agreement나 Sales Contract의 경우에는 품목이나 거래 내용에 따라서 다양한 내용을 담아서 작성한다. 예를 들어 IT제품이나 기계류의 경우에는 하자발생 시 처리 방법 등을 명시한 Warranty 조항을 넣어야 하고 변질될 우려가 높은 상품이라면 클레임의 제기 기한 및 처리 방법을 명시한 Claim 조항을 포함시키는 것이 바람직하다.

이밖에도 불가항력적인 상황일 때를 대비한 Force Majeure 조항, 분쟁이 발생할 경우 소송 대신 중재로 해결하자는 내용을 담은 Arbitration 조항을 포함시키기도 한다.

이와 같이 다양한 내용을 담은 계약서를 직접 작성하는 것은 쉽지 않다. 하지만 걱정할 필요가 없다. 이런 계약서가 필요한 회사라면 이미 품목이나 거래내용에 따라서 미리 작성해 놓은 양식이 있기 때문에 해당 양식에다 품명이나 가격만 바꿔서 작성하면 된다.

무역계약에는 정해진 절차도 없고 무역계약서의 양식이나 내용에도 정해진 것이 없다. 따라서 미리 계약서 조항을 연구하거나 계약서를 작성하는 연습을 할 필요가 없다. 각자 회사에서 사용하는 양식대로 누구나 쉽게 작성할 수 있다.

해외거래처는 어떻게 개발하나?

① 인터넷

수출을 하려면 인터넷에 웹사이트를 개설해서 기업 및 제품에 대한 다양한 정보를 제공함으로써 해외바이어들이 찾아오도록 하고, 수입을 하려면 해외공급업체의 웹사이트를 방문해서 해당 기업 및 취급상품에 대한 정보를 확인하고 접촉할 수 있다.

하지만 실제로 이런 방식으로 해외거래처를 개발하는 것은 쉽지 않다. 인터넷에 수많은 웹사이트가 존재하기 때문에 수출자가 아무리 웹사이트를 잘 만들어 놓아도 수입자가 찾아온다는 보장이 없으며 인터넷으로 검색을 하면 워낙 많은 결과물이 나오기 때문에 인터넷 검색을 통해서 해외공급업체를 찾는 것도 쉬운 일이 아니다.

이런 문제를 해결해 주는 것이 바로 무역거래알선 사이트다. 무역거래알선 사이트란 전 세계의 수출자와 수입자를 연결해 주는 사이트로서 수출자가 자신이 수출하고자 하는 수출품과 관련된 정보를 사이트에 올려놓으면 수입자가 해당 수출희망게시물을 살펴보고 마음에 드는 제품을 공급하는 업체에 연락을 하는 방식으로 운영되고 있다.

전 세계적으로 수많은 무역거래알선 사이트가 있으나 그중 상당수는 이용률이 저조하고 업데이트도 잘 되지 않으며 사이트 운영도 부실한 경우가 많다.

현재 가장 활발하게 운영되고 있는 무역거래알선 사이트로는 알리바바(www.alibaba.com), EC21(www.ec21.com), EC Plaza(www.ecplaza.net) 등이 있다.

② 무역 관련기관

우리나라의 대표적인 무역 관련기관으로는 한국무역협회, KOTRA, 중소벤처기업진흥공단 등이 있다. 이들 기관에서는 해외 바이어를 상대로 국내수출업체와 수출품을 소개하는 별도의 웹사이트를 운영하고 있다.

한국무역협회에서는 TradeKorea(www.tradekorea.com), KOTRA에서는 BuyKorea(www.buykorea.org), 중소벤처기업진흥단에서는 GoBizKorea(www.gobizkorea.com)를 통해서 해외바이어에게 우리나라 수출품을 소개하고 있으므로 이들 웹사이트를 통해서 해외바이어를 개발할 수 있다.

③ 전시회

해외거래처를 개발할 수 있는 가장 확실하면서도 효과적인 방법 중에 하나가 전시회를 활용하는 것이다. 전시장에서는 실제 상품을 보면서 구체적인 상담이 가능하므로 경쟁력 있는 해외공급업체나 구매력 있는 바이어를 개발하기 위해서 적극적으로 활용할 필요가 있다.

전 세계에서는 매일같이 수많은 전시회가 개최되고 있지만 그 중 상당수는 국내시장을 겨냥한 전시회이거나 명목상으로는 국제전시회라고 하지만 경쟁력 있는 해외공급업체나 구매력 있는 바이어를 만나기 힘든 전시회도 많다. 따라서 전시회에 출품할 때는 아이템별로 전 세계 유명업체들이 집결하는 대표적인 전시회를 선택하는 것이 중요하다.

국내외 전시회 일정 및 상세정보, 전시회 출품지원 등에 대해서는 KOTRA에서 운영하는 글로벌전시플랫폼인 GEP(www.gep.or.kr)에서 확인할 수 있다.

④ 상담회

무역 관련기관과 업종별 관련단체, 각종 지방자치단체에서 주최하는 상담회를 통해서 해외거래처를 개발할 수 있다. 전시회가 단시간 내에 다수의 업체를 만날 수 있는 장점이 있지만 개별 업체와의 집중적인 상담을 나누기가 어렵다는 문제가 있는 반면에 상담회는 1대1 개별미팅방식으로 진행되므로 좀 더 심도 있는 상담을 통해서 거래성사 가능성을 높일 수 있다.

상담회는 외국의 바이어나 셀러를 국내로 초청해서 해당 업체들이 취급하는 품목을 수출하거나 수입하는 국내업체들과의 미팅을 주선하거나, 반대로 국내업체들이 외국에 나가서 현지의 바이어나 셀러와 만나는 방식으로 이루어진다. 비록 1대1 개별미팅방식으로 운영이 되지만 개별 기업별로 한 업체만 만나는 것이 아니라 복수기업과의 1대1 미팅이 이루어지므로 경쟁업체와 차별화할 수 있는 조건을 들고 나가야 거래성사율을 높일 수 있다.

한국무역협회, KOTRA, 중소벤처기업진흥공단, 한국수입업협회 등 무역 관련기관과 업종별 관련단체, 지방자치단체 등에서 다양한 상담회를 개최하고 있으며 구체적인 상담회 일정은 해당 기관의 웹사이트를 통해서 확인할 수 있다.

⑤ 해외조달

해외조달이란 세계 각국의 행정기관이나 UN 등 국제기구가 공개입찰 또는 수의계약을 통해서 상품 및 서비스를 구매하는 것을 뜻한다. 이와 같은 해외조달에 참가함으로써 세계 각국의 정부나 UN 산하기관을 해외거래처로 개발할 수 있다.

해외조달시장에 진출하기 위해서는 각국 정부나 국제기구에서 주관하는 경쟁입찰을 통해서 직접 진출하거나, 발주처와 계약을 체결한 주계약자Prime Contractor에게 하청 형태로 납품하는 방식으로 참여할 수도 있다.

해외조달과 관련된 정보는 조달청 해외조달센터(www.pps.go.kr/gtom)에서 확인할 수 있다.

⑥ 해외거래처 개발 요령

해외거래처를 개발하는 데는 특별한 비결이 없다. 취급품목이나 거래 형태에 따라 앞서 소개한 다양한 방법을 동원하여 해외거래처를 개발하되 가급적이면 믿을 만하고 경쟁력이 있는 거래처를 개발하는 데 주력해야 한다.

수출의 경우에는 해외거래처를 개발하기에 앞서 다양한 해외시장정보를 입수해서 해외시장진출전략을 수립하는 것이 바람직하다. 국가별, 품목별로 다양한 해외시장정보는 KOTRA 웹사이트에서 확인할 수 있다.

또한 처음 해외시장개척에 나서는 초보기업의 경우에는 한국무역협회, KOTRA, 중소벤처기업진흥공단 등에서 운영하는 다양한 수출지원사업을 통해서 해외거래처를 개발할 수 있다.

무역운송, 이것만 알면 된다

① 무역운송이란 무엇인가?

무역은 서로 다른 국가 간의 거래이기 때문에 운송의 중요성이 클 수밖에 없다. 실무적으로 컨테이너 운송의 경우 운송과 관련된 모든 업무를 포워더가 처리해 주지만 포워더와의 원활한 업무연락을 위해서라도 기본적인 운송용어는 이해해 두어야 한다.

무역운송은 해상운송, 항공운송, 육상운송 및 복합운송으로 이루어진다. 복합운송이란 하나의 운송계약에 의거 서로 다른 두 가지 이상의 운송수단을 사용하여 화물을 목적지까지 운반하는 것을 뜻한다.

무역운송의 가장 큰 부분을 차지하는 해상운송의 경우 컨테이너 운송과 벌크 운송으로 나누어진다. 컨테이너 운송이란 화물을 컨테이너에 적재하여 운송하는 방식이며, 벌크Bulk 운송은 석유나 석탄, 곡물 등과 같은 화물을 야적상태로 운송하는 방식이다.

② 컨테이너란 무엇인가?

컨테이너Container는 화물을 보다 능률적이고 경제적이며 안전하게 운송하기 위한 용기다. 컨테이너는 크기에 따라 20피트 컨테이너(길이 5.898m×폭 2.348m×높이 2.376m)와 40피트 컨테이너(길이 12.031m×폭 2.348m×높이 2.376m)로 나누어지며, 컨테이너의 대형화에 따라 45피트 점보Jumbo컨테이너와 하이큐빅High Cubic컨테이너의 사용도 늘어나고 있다.

또한 용도에 따라 일반화물을 적재하는 드라이Dry Cargo컨테이너, 농산물이나 축산물같이 보온 또는 보냉운송이 필요한 화물을 적재하는 냉동Refrigerated 또는 Reefer컨테이너, 지붕이 개방된 오픈탑Open Top컨테이너, 액체상태의 식품이나 화학제품을 적재하는 탱크Tank 컨테이너, 살아 있는 동물을 수송하는 데 사용하는 라이브스탁Live Stock컨테이너 등이 있다.

③ FCL, LCL은 무엇인가?

FCL은 Full Container Load의 약어로서 단독으로 한 대 이상의 컨테이너를 채울 수 있는 양의 화물을 뜻하고, LCL은 Less than Container Load의 약어로 단독으로 컨테이너를 채울 수 없어서 다른 화주의 화물과 함께 실어야 하는 소량화물을 뜻한다.

FCL이냐 LCL이냐에 따라 운임의 계산 방법이 달라진다. 즉, FCL의 경우에는 화물의 양과 상관없이 컨테이너 한 대당 운임이 부과되고, LCL의 경우에는 CBM당 운임이 부과된다.

④ CBM이란 무엇인가?

CBM이란 Cubic Meter의 약어로서 부피의 단위이며 가로, 세로, 높이가 각각 1미터일 때의 부피를 1CBM이라고 한다. 수출화물의 CBM을 계산하기 위해서는 우선 화물을 포장한 카톤박스의 가로·세로·높이를 곱해서 박스 하나의 CBM을 구한 다음, 총 박스 수를 곱하면 된다.

예를 들어 가로·세로·높이가 각각 50cm, 60cm, 100cm인 박스 10개에 포장된 물건을 수출한다면 박스 하나의 CBM은 0.5×0.6×1=0.3CBM이고, 전체 화물의 CBM은 0.3×10=3CBM이 된다.

이론적으로 20피트 컨테이너의 최대적재용량은 33.2CBM이고 40피트 컨테이너의 최대적재용량은 67.11CBM이나 선적 과정에서 발생하는 공간을 감안하여 평균적으로 20피트 컨테이너에는 25CBM, 40피트 컨테이너에는 55CBM 정도를 적재한다.

따라서 수출화물의 총 CBM을 계산해서 25CBM에 근접하면 FCL로 처리하고, 25CBM에 크게 미치지 못하는 소량화물의 경우에는 LCL로 처리한다.

⑤ CT, CY, CFS는 무엇인가?

CT는 Container Terminal의 약어로서 컨테이너 전용부두에 설치되어 있는 컨테이너 집결지를 뜻하며, 수출화물이 선적되기 전이나 수입화물이 하역되어 대기하는 장소다.

CY는 Container Yard의 약어이며 컨테이너터미널 내에 위치한 컨테이너야적장으로서 수출 시 선박에 컨테이너를 싣기 전이나 수입 시 선박에서 내린 컨테이너를 모아 두는 장소를 뜻한다. 선박회사의 입장에서 수많은 수출자 또는 수입자를 상대로 개별적으로 컨테이너를 인수하거나 인도하기가 힘들기 때문에 CY를 지정해서 수출자 또는 수입자로 하여금 해당 CY에서 화물을 인도하거나 인수해 가도록 한다.

CFS는 Container Freight Station의 약어이며 복수의 수출자로부터 LCL 화물을 인수해서 컨테이너에 적재하는 작업을 하거나 수입된 LCL 화물을 컨테이너에서 하역하는 작업을 하는 장소로서 컨테이너작업장이라고 부른다. FCL 화물은 개별 수출자나 수입자가 원하는 장소에서 컨테이너에 물건을 적재하거나 하역하지만, LCL 화물의 경우에는 컨테이너터미널에 위치한 CFS에서 물건을 적재하거나 하역함으로써 복수의 장소에서 물건을 적재하거나 하역하는 데 따르는 비용 및 시간상의 낭비를 막을 수 있다.

⑥ Partial Shipment와 Transshipment는 무엇인가?

Partial Shipment는 물건을 두 차례 이상 나누어 싣는 것으로서 분할선적이라고 하며, Transshipment는 물건을 선적항에서 도착항까지 같은 선박으로 운송하지 않고 중간 기착지에서 다른 선박에 옮겨 싣는 것으로서 환적이라고 한다.

⑦ 해상운임은 어떻게 결정되는가?

해상운임Ocean Freight은 기본운임Basic Rate에 BAF, EMS, CAF, THC, WFG 등과 같은 부대운임을 더해서 결정된다.

BAFBunker Adjustment Factor는 선박의 주 연료인 벙커유 가격변동에 따르는 손실을 보전하기 위해서 부과하는 유류할증료이고, EBS Emergency Bunker Surcharge는 전쟁이나 분쟁, 산유국의 담합으로 유가가 폭등할 경우 긴급 부과하는 할증료며, CAFCurrency Adjustment Factor는 운임표시 통화의 가치하락에 따른 손실을 보전하기 위해서 부과하는 통화할증료다.

THCTerminal Handling Charge는 수출화물의 경우 CY에 입고된 시점부터 본선선측에 도착할 때까지, 수입화물의 경우 본선선측에서부터 CY에 입고될 때까지 화물의 이동에 따르는 화물처리비용이며, WFG Wharfage는 항만운영업자가 부두사용료조로 부과하는 요금이다.

⑧ 선하증권이란 무엇인가?

선하증권의 영문명은 Bill of Lading이며 현장에서는 B/L이라는 약어를 사용한다. 선하증권은 선박회사 또는 포워더가 발행하며 증권에 기재된 조건에 따라 화물을 운송하여 증권의 정당한 소지인에게 인도할 것을 약정하는 유가증권이다.

수출자는 물품을 선적한 후 선하증권을 발급받아서 수입자 또는 은행에 제출하고, 수입자는 선하증권을 선박회사에 제출하고 물건을 인수한다.

⑨ Consignee, Notify Party란 무엇인가?

Consignee란 선하증권에 명시된 화물의 수취인을 뜻하며, Notify Party란 선박회사에서 물건을 찾아가라고 연락해 주는 대상, 즉 연락처를 뜻한다.

결제방식이 송금방식일 때는 통상적으로 Consignee와 Notify Party 모두 수입자가 되지만 결제방식이 신용장방식일 때는 Notify Party는 수입자가 되고 Consignee 난에는 'to the order of 개설은행명'이라고 기재해서 수입자가 대금을 결제하지 않으면 개설은행에서 제3자에게 물건을 처분할 수 있도록 한다.

10 Surrendered B/L이란 무엇인가?

Surrendered B/L이란 Original B/L의 발행을 포기하거나 반납함으로써 수입자가 Original B/L 없이 화물을 찾을 수 있도록 하는 것이다.

Surrendered B/L은 우리나라와 중국, 일본, 대만 등과 같은 인접국가 간의 무역거래에서 선적서류보다 화물이 먼저 도착할 경우 Original B/L 없이 화물을 인수할 수 있도록 고안한 방식으로서 물품대금 전액이 사전에 송금되고 물품이 선적되는 경우에 주로 활용된다.

⑪ L/G란 무엇인가?

인접국가 간의 거래에서 결제방식이 송금방식인 경우에는 앞서 소개한 Surrendered B/L방식을 활용해서 Original B/L 없이 물건을 찾을 수 있도록 할 수 있으나 신용장방식의 거래에서는 은행에서 Original B/L을 요구하기 때문에 Surrendered B/L방식을 사용할 수 없다. 이와 같은 상황에서 대안으로 사용하는 것이 L/G다.

L/G는 Letter of Guarantee의 약어이며 수입자와 신용장개설은행이 연대하여 선박회사에 선하증권 원본이 도착하는 대로 이를 제출할 것과 선하증권 원본 없이 물품을 인도받는 데 따른 모든 문제에 대해서 선박회사에 책임을 지우지 않겠다고 보증하는 서류로서 수입자는 선박회사에 L/G를 제출하고 화물을 인수한다.

⑫ Switch B/L이란 무엇인가?

Switch B/L이란 중계무역거래에서 중계무역업자가 제3국의 수출자로부터 받은 선하증권을 선박회사에 반납하고 새로운 선하증권을 발급받는 것을 뜻하며, 최종수입자에게 수출자가 노출되는 것을 방지하기 위해서 선하증권에 명시된 선적인Shipper을 바꾸기 위한 목적으로 사용한다.

13 운송실무는 어디까지 공부해야 하나?

컨테이너로 운송하는 일반상품의 경우 구체적인 운송 절차에 대해서 모르더라도 물건을 수출하거나 수입하는 데 큰 문제가 없다. 우리가 집을 이사할 때 이사업체에 맡기면 알아서 이삿짐을 날라주듯이 컨테이너 운송의 전 과정을 포워더가 처리해 주기 때문이다.

믿을 수 있는 포워더를 선정하고 포워더와 의사소통이 가능하도록 기본적인 운송용어만 이해하면 운송에 대해서는 크게 걱정하지 않아도 된다.

한편 원자재를 비롯해서 벌크상태로 운송하는 품목을 취급하는 경우에는 직접 선박회사와 운송계약을 체결하고 운송업무를 처리해야 하므로 사내교육 등을 통해서 별도로 운송실무를 공부해야 한다.

적하보험, 이것만 알면 된다

① 적하보험이란 무엇인가?

무역거래는 서로 다른 국가 간의 거래이기 때문에 장거리 운송에 따르는 위험에 노출되기 마련이다. 물품이 운송되는 도중에 사고가 발생하면 물품이 분실되거나 파손되는 등의 손해를 볼 수 있기 때문에 물품이 목적지에 안전하게 도착할 때까지 안심할 수가 없다.

이와 같은 문제를 해결하기 위해서 도입된 것이 적하보험이다. 적하보험에 가입하면 운송 도중 발생하는 물품의 분실이나 파손으로 인한 손해를 보상받을 수 있기 때문에 안심하고 무역거래를 할 수 있다.

② 누가 적하보험에 가입해야 하나?

수출자와 수입자 중 누가 적하보험에 가입하느냐 하는 문제는 인코텀즈에서 규정한 위험의 이전시점에 따라서 판단해야 한다.

즉, 위험의 이전이 수출국에서 이루어지는 EXW, FOB, FAS, FCA, CFR, CPT 등의 거래조건으로 거래할 때는 수입자가 보험에 들어야 하고, 위험의 이전이 수입국에서 이루어지는 DAP, DPU, DDP 조건으로 거래할 때는 수출자가 보험에 들어야 한다. 다만 CIF나 CIP 조건의 경우에는 위험이 수출국 내에서 이전되지만 예외적으로 수출자가 수입자 대신 보험에 가입하도록 규정해 놓고 있다.

결론적으로 인코텀즈에서 규정한 11가지 조건 중에서 조건명에 'I'자나 'D'자가 들어간 5가지 조건에서는 수출자가 보험에 들고, 나머지 6가지 조건에서는 수입자가 보험에 든다고 정리할 수 있다.

③ 적하보험의 약관은?

적하보험의 약관은 구약관과 신약관으로 나누어진다. 구약관은 1912년 런던보험자협회가 주관하여 제정하였으며 A/R All Risk,

WA With Average, FPA Free from Particular Average로 나누어진다. 신약관은 1982년에 제정되었으며 ICC(A), ICC(B), ICC(C)로 나누어진다.

런던보험자협회는 1983년 4월 1일부터 강제적으로 신약관을 사용하도록 하고 있으나 무역현장에서는 아직도 구약관과 신약관을 병행해서 사용하고 있다.

담보위험의 범위는 A/R과 ICC(A)가 가장 크며 그다음이 WA와 ICC(B)이고, FPA와 ICC(C)가 가장 작다.

여기서 주목할 점은 담보 범위가 가장 큰 A/R이나 ICC(A) 약관으로 보험에 가입하더라도 보상받지 못할 위험이 있다는 것이다. 이런 위험을 면책위험이라고 하며 대표적인 면책위험은 다음과 같다.

① 피보험자의 고의적인 위법행위로 인한 손해

② 화물의 통상적인 누손, 중량 또는 용적상의 손실 및 자연소모

③ 화물의 포장 또는 준비의 불완전 또는 부적합으로 인한 손해

④ 화물의 고유의 하자 또는 성질로 인하여 발생하는 손해

⑤ 항해지연으로 인해 발생하는 손해

⑥ 전쟁, 내란, 혁명 등으로 인해서 발생하는 위험

⑦ 동맹파업, 직장폐쇄, 노동분쟁 등으로 인해서 발생하는 위험

이 중에서 전쟁이나 파업, 내란 등으로 인해서 발생하는 위험은 협회전쟁약관Institute War Clause 및 협회파업폭동소요약관Institute Strike Riot Civil Commotion Clause 등에 추가 가입함으로써 보상받을 수 있다.

④ 어떤 약관으로 가입해야 하나?

인코텀즈에서 규정한 11가지 조건 중 CIF, CIP를 제외한 나머지 9가지 조건은 보험에 가입하는 사람과 보상을 받을 사람이 같다. 즉, DAP, DPU, DDP 조건에서는 수출자가 보험에 가입하고 손실이 발생하면 수출자가 보상을 받고 EXW, FOB, FAS, FCA, CFR, CPT 조건에서는 수입자가 보험에 가입하고 손실이 발생하면 수입자가 보상을 받는다. 따라서 적하보험에 가입할지 여부와 어떤 약관으로 가입할지는 전적으로 당사자의 결정에 달려 있다.

가급적 모든 경우에 보상을 받길 원한다면 A/R이나 ICC(A) 약관으로 가입하면서 협회전쟁약관Institute War Clause 및 협회파업폭동소요약관Institute Strike Riot Civil Commotion Clause을 추가하면 된다.

CIF와 CIP 조건에서는 보험은 수출자가 가입하지만 사고발생 시 보상은 수입자가 받기 때문에 인코텀즈의 규정에 따라 수출자는 의무적으로 적하보험에 가입해야 한다. 인코텀즈에서는 CIF 조건은 ICC(C) 약관, CIP 조건은 ICC(A) 약관으로 가입하도록 규정하고 있지만 당사자 간의 합의에 따라 다른 약관으로 가입할 수도 있다.

⑤ 적하보험 관련 용어는?

보험자Insurer 또는 Assurer는 보험계약의 당사자로서 통상 보험회사를 뜻하고, 피보험자Insured 또는 Assured는 피보험이익의 수혜자로서 사고발생 시 보험금을 청구하여 지급받을 권리를 갖는 자를 뜻하며, 보험계약자Policy Holder는 보험료를 지급하고 보험자와 보험계약을 체결한 당사자를 뜻한다.

보험금액Insured Amount은 보험계약금액으로서 사고발생 시 보험자가 부담하는 손해배상책임의 최고한도액이며 통상 CIF 금액에 10%의 희망이익을 추가한 금액으로 가입한다.

보험금Claim Amount은 피보험자에게 지급하는 보상금을 뜻하며, 보험료Insurance Premium는 보험에 가입하기 위해서 보험계약자가 보험자에게 지불하는 대금을 뜻한다.

보험증권Insurance Policy은 보험계약을 체결한 증빙으로서 보험자가 보험계약자에게 발급하는 증서를 뜻한다.

⑥ 보험실무는 어디까지 공부해야 하나?

운송 도중 발생하는 사고로 인한 손해를 보상받기 위해서는 적하보험에 가입하는 것이 중요하다. 하지만 적하보험이 중요하다고 해서 적하보험에 관한 이론이나 구체적인 약관까지 공부할 필요는 없다.

우리가 자동차보험에 가입할 때 자동차보험에 대한 이론이나 구체적인 약관까지 공부할 필요가 없는 것과 마찬가지다.

따라서 인코텀즈에서 규정한 거래조건에 따라 적하보험에 가입해야 할 때 적하보험에 가입하기만 하면 그 이후의 보험 관련 업무에 대해서는 크게 걱정하지 않아도 된다.

⑦ 무역보험이란 무엇인가?

화물의 운송 도중에 발생하는 사고로 인한 손해는 적하보험에 가입해서 보상받을 수 있으나 무역업자가 대비해야 하는 위험은 그것이 전부가 아니다. 수출자의 입장에서 물건은 제대로 보냈는데 물품대금을 못 받을 수도 있고 수입자의 입장에서 물품대금을 미리 보냈는데도 물품을 받지 못할 수도 있으며 환율의 변동으로 인해서 큰 손해를 볼 수도 있다.

무역보험은 이와 같이 적하보험에서 보상해 주지 않는 다양한 위험으로부터 무역업자를 보호하고자 정부차원에서 운영하는 비영리 정책보험으로서 한국무역보험공사(www.ksure.or.kr)에서 취급한다.

무역보험은 수출보험과 수입보험으로 나누어지지만 수입보험은 일부 원자재로 대상품목이 제한되어서 일반상품의 경우에는 혜택을 받을 수 없다.

수출보험 중에서 가장 대표적인 것이 단기 또는 중장기 수출보험이며 수출자가 수출계약을 체결하고 물품을 수출한 후 수입자 또는 은행으로부터 수출대금을 받을 수 없을 때 손실을 보상받을 수 있다. 또한 환변동보험에 가입하면 계약시점과 대금결제시점의 환율변동으로 인한 손해를 보상받을 수 있다.

이밖에도 품목이나 거래유형에 따라 다양한 수출보험의 혜택을 받을 수 있으며 자세한 내역은 한국무역보험공사 웹사이트에서 확인할 수 있다.

수출입통관, 이것만 알면 된다

① 통관이란 무엇인가?

통관이란 세관을 통과하는 절차로서 세관에서는 물건이 외국으로 나가거나 외국에서 국내로 들어와도 되는지를 심사하고 수입품에 대해서 관세를 부과한다. 국내에서 물건을 사고팔 때는 통관 절차를 거칠 필요가 없지만 물건이 국경을 넘어가는 수출입 거래를 하기 위해서는 반드시 통관 절차를 거쳐야 한다.

② 수출입통관 절차는?

정식 통관을 하기 위해서는 우선 수출입신고를 해야 한다.

세관에서는 수출입신고한 내용을 심사해서 해당 물건이 외국으로 나가거나 국내로 들어오는 데 문제가 없으면 수출입신고필증을 교부해 준다.

수출의 경우에는 수출신고필증이 있어야만 수출물품을 선적할 수 있으며, 수입의 경우에는 수입신고필증이 있어야만 수입물품을 인수할 수 있다. 세관에서의 수출입심사는 해당 품목의 HSK코드를 기준으로 이루어진다.

③ HSK코드란 무엇인가?

HSK코드는 국제적인 통일상품분류체계인 HS Harmonized Systems 에서 분류한 6자리 숫자에 우리나라에서 추가로 분류한 4자리를 더한 10자리의 숫자로 이루어진다.

HSK코드는 관세부과 및 무역통계 작성의 기준이 될 뿐만 아니라, 수출입품목관리를 위한 수출입공고나 통합공고 등이 모두 HSK코드에 근거하여 고시되므로 취급품목이 정해지면 우선 해당 품목의 정확한 HSK코드를 확인해 두어야 한다.

HSK코드는 관세청 및 한국무역협회 사이트에서 확인할 수 있으며, 자체적으로 취급품목의 정확한 HSK코드를 확인하기가 어려울 경우에는 관세사에게 문의하거나 관세청에 품목분류사전심사를 신청할 수 있다.

④ 수출입거래가 제한받는 경우는?

우리나라에서는 수출입공고, 통합공고에 의거 수출입거래가 금지되거나 제한되는 일부 품목을 제외하고는 자유롭게 수출입거래를 할 수 있다.

수출입이 금지되거나 제한되는 품목은 식품, 의약품 등 국민의 건강이나 위생에 영향을 줄 수 있는 품목, 안전검사대상 공산품이나 안전인증대상 전기용품 등 국민의 안전에 영향을 끼칠 수 있는 품목, 국민의 윤리에 해를 끼칠 수 있는 물품, 국가의 안보에 영향을 끼칠 수 있는 품목, 문화재나 자연보호와 관련된 품목, 전략물자 등 국제협약에 의거 수출입이 제한된 품목, 기타 국가에서 품질관리가 필요한 품목 등이다.

품목별 수출입제한사항 및 수출입이 제한되는 품목의 수출입 절차는 한국무역협회 웹사이트(www.kita.net)에서 제공하는 '품목별수출입요령'에서 확인할 수 있다. 직접 확인하기가 여의치 않다면 관세사에게 문의하면 된다.

⑤ 관세란 무엇인가?

관세는 수입물품에 부과되는 세금으로서 품목, 상대국가 및 관련협정 등에 따라 각기 다른 관세율이 적용되며, 품목별로 구체적인 관세율은 한국무역협회 웹사이트(www.kita.net)에서 제공하는 '품목별수출입요령'에서 확인할 수 있다.

⑥ 관세는 어떻게 부과되나?

관세부과의 기준이 되는 가격을 과세표준가격이라고 하며 우리나라의 경우 CIF 조건의 가격을 과세표준가격으로 한다. 따라서 실제 거래가 다른 거래조건으로 이루어졌다고 하더라도 CIF 조건으로 환산한 가격을 기준으로 관세가 부과된다.

수입품에는 관세 외에 품목에 따라 부과되는 개별소비세, 교통·에너지·환경세, 주세, 교육세, 농어촌특별세 및 부가가치세 등의 내국세가 부과된다.

7 관세환급이란 무엇인가?

관세환급이란 수출용 원재료를 수입할 때 납부했던 세금을 돌려주는 것으로서 원재료의 수입신고수리일로부터 2년 이내에 제조·가공하여 제품을 생산한 후 수출한 날로부터 2년 이내에 환급을 신청하여야 한다.

관세환급금의 산출 방법은 개별환급과 간이정액환급으로 나누어진다. 개별환급이란 수출품을 제조·가공할 때 사용한 원재료의 수입 시 납부한 관세 등의 세액을 사용한 원재료별로 확인해서 환급금을 산출하는 방식을 뜻하며, 간이정액환급이란 납부세액을 일일이 계산하지 않고 수출품목별로 간이정액환급율표에 기재된 금액을 그대로 환급해 주는 방식이다.

관세환급의 신청에서부터 환급받기까지의 전 과정은 관세사가 업무를 대행해 주므로 수출업체에서는 관세환급 절차에 대해서 걱정할 필요가 없다.

8 원산지관리제도란 무엇인가?

원산지란 물품이 성장, 생산, 제조 또는 가공된 국가를 의미하며 원산지별로 각기 다른 통관규정이나 관세율이 적용될 수 있다. 원산지를 판정하는 기준은 국가나 품목에 따라 달라지므로 별도로 확인해야 한다.

우리나라에서는 최종소비자를 보호하기 위해서 수입물품에 원산지를 표시하도록 하고 있으며 관세법, 조약, 협정 등에 의하여 원산지에 따라 특혜관세율이 적용되거나 관세가 면제되는 원산지 확인대상품목을 수입할 때는 해당 물품의 원산지를 증명할 수 있는 원산지증명서Certificate of Origin를 제출해야 한다.

9 검역제도란 무엇인가?

검역제도란 수출입화물의 이동에 따른 전염병의 확산을 방지하기 위한 제도로서 동물검역, 식물검역, 목재화물포장재에 대한 검역 등이 있다.

10 병행수입제도란 무엇인가?

병행수입Parallel Import이란 국내독점판매권을 갖고 있지 않은 일반 수입업체가 외국에서 적법하게 유통되는 상품을 국내로 들여오는 것을 뜻하며, 우리나라에서는 수입 공산품의 가격 인하를 유도하기 위해서 1995년 11월부터 일부 예외규정을 두고 병행수입을 허용하고 있다.

11 FTA란 무엇인가?

FTA란 Free Trade Agreement의 약어로서 협정을 체결한 국가 간의 상품 및 서비스 교역에 대한 관세 및 무역장벽을 철폐함으로써 배타적인 무역특혜를 부여하는 협정을 뜻한다.

FTA 체결국으로부터 수입한 물품에 대해서 관세특혜를 받기 위해서는 FTA 협정에서 규정한 원산지판정기준에 부합해야 하고 수입통관 시 원산지증명서를 제출해야 한다.

12 통관실무는 어디까지 공부해야 하나?

수출입신고서 작성에서부터 관세환급에 이르기까지 통관 관련 제반 업무는 관세사가 대신 처리해 주므로 구체적인 내용을 모르더라도 통관업무를 처리하는 데 큰 문제가 없다.

무역업체에서는 믿을 수 있는 관세사에게 통관업무를 의뢰하고 관세사와의 긴밀한 업무연락을 통해서 수출입통관업무가 제대로 처리되는지를 확인만 하면 된다.

내국신용장과 구매확인서는 무엇인가?

① 내국신용장이란 무엇인가?

수입자와의 계약이 체결되면 수출자는 수출할 물건을 확보해야 한다. 수출자가 자사 제품을 수출할 때는 별도의 절차가 필요치 않으나 타사 제품을 수출할 때는 국내공급업체와 수출업체 간에 대금결제방식을 놓고 수출자와 해외수입자 간에 벌어졌던 것과 같은 유사한 상황에 처하게 된다. 즉, 국내공급업체는 물품대금을 먼저 지급받기를 원하고, 수출자는 물품을 먼저 공급받기를 원하므로 결제방식에 합의하기가 쉽지 않다.

이와 같은 문제를 해결하기 위해서 사용하는 것이 내국신용장 Local L/C이다. 내국신용장의 업무절차는 해외거래처 간에 사용하는 원신용장 Original L/C 또는 Master L/C과 크게 다르지 않다.

즉, 수출자가 거래은행에 내국신용장의 개설을 의뢰하면 수출자의 거래은행에서 내국신용장을 발행한다. 내국신용장을 수령한 국내공급업체는 내국신용장에 명시된 물품을 수출자에게 인도한 후 수출자로부터 물품수령증명서(인수증)를 받아서 은행에 제출하고 물품대금을 지급받는다.

내국신용장은 개설은행에서 대금지급을 확약함으로써 국내공급업체는 안심하고 물품을 수출자에게 인도할 수 있다. 이밖에도 내국신용장은 국내공급업체가 수출실적을 인정받고 부가세 영세율을 적용받으며 관세환급을 받는 등 수출품 거래에 따르는 혜택을 받기 위한 근거서류로 사용할 수 있다.

② 구매확인서란 무엇인가?

앞서 언급한 대로 국내공급업체는 내국신용장 개설은행에서 대금지급을 확약함으로써 안심하고 수출물품을 수출자에게 인도할 수 있다. 하지만 수출자의 입장에서 절차가 번잡한 내국신용장의 개설을 꺼리기 때문에 상대적으로 입지가 약한 국내공급업체에서는 울며 겨자 먹기로 은행의 지급확약 없이 수출자로부터 대금을 직접 지급받는 데 동의할 수밖에 없다. 이런 식으로 수출자로부터 직접 대금을 지급받게 되면 은행의 지급확약은 필요가 없지만 내국신용장을 근거로 누렸던 혜택까지 포기해야 하는 문제가 발생한다.

이런 문제를 해결하기 위해서 사용하는 것이 바로 구매확인서다. 구매확인서란 은행에서 대금지급을 확약하는 내국신용장과 달리 수출자가 국내공급업체로부터 구입한 원료 또는 완제품이 수출용으로 구매한 것이라는 사실만을 확인해 주는 서식이다. 국내공급업체로서는 구매확인서를 근거로 수출실적 인정, 영세율 적용, 관세환급 등과 같은 혜택을 받을 수 있다.

내국신용장과 구매확인서는 전자무역 포털인 유트레이드허브(www.utradehub.or.kr)에서 발급받을 수 있다.

결론적으로 수출자가 국내공급업체로부터 물품을 구입해서 수출할 경우에는 내국신용장이나 구매확인서 둘 중에 한 가지 서류를 발급해 주어야 한다.

2장

영문 무역용어 해설

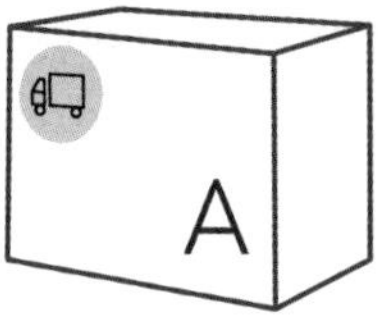

Abandonment(위부)

추정전손이 발생했을 때 피보험자가 보험목적물에 대해서 가지고 있는 일체의 권리를 보험자에게 넘겨주고 보험금액 전액을 청구하는 것. 추정전손이란 전체적으로 멸실되지 않았더라도 손해의 정도가 본래의 효능을 상실하거나 복구비용이 해당 물품의 시장가격을 초과하여 전손으로 추정될 정도의 손해를 뜻한다.

Acceptance(승낙, 인수)

① 승낙: 청약을 받아들여 계약을 성립시키겠다는 피청약자의 의사표시. 승낙의 효력과 철회는 상대방에게 도달했을 때 발생하며, 피청약자가 청약자에게 아무런 통지 없이 물품의 발송이나 대금의 지급과 같은 행위를 하면 그 행위가 행하여짐과 동시에 승낙으로서의 효력이 발생한다. 또한 지연된 승낙, 조건부승낙, 일부승낙, 변경승낙 등은 계약을 성립시키지 못한다.

② 인수: 환어음의 지급인이 어음의 만기일에 어음에 명시된 금액을 지급할 것을 확약하는 의사를 표시하는 것.

Acceptance L/C(인수신용장)

개설은행이 해외의 본지점이나 예치환거래은행을 인수은행Accepting Bank으로 지정하고, 해당 은행을 지급인으로 수익자가 발행한 기한부 환어음을 인수하도록 명시한 신용장.

개설의뢰인에게 선적서류를 인도할 때 일정 기간 후에 신용장대금을 지급할 것을 확약하는 인수의 뜻을 표시하게 되어 있는 기한부 신용장으로서 인수은행은 수익자가 발행한 기한부환어음을 인수했다가 만기일에 지급한다.

Accepting Bank(인수은행)

수익자가 발행한 환어음이 기한부어음일 경우 해당 어음의 만기일에 어음을 인수하고 대금을 지급하겠다고 약속하는 은행.

Actual Total Loss(현실전손)

실제로 물품 전체가 멸실되어 복구가 불가능할 정도로 발생한 손해.

A

Adjustment Duties(조정관세)

수입시장의 급격한 변화로 인한 문제를 시정 또는 방지하기 위하여 부과하는 관세.

Advance Payment(선지급, 선수금)

물품이 선적되기 전에 물품대금을 지급하는 것.

Advising Bank(통지은행)

개설은행으로부터 신용장을 접수하여 수익자에게 통지해 주는 은행.

Advising Commission(통지수수료)

통지은행에서 수익자에게 신용장을 통지할 때 징수하는 수수료.

Air Transportation(항공운송)

항공기를 이용하여 물품을 운송하는 것으로서 다른 운송방식에 비해 신속한 운송이 가능하다는 장점이 있으나 운송비가 상대적으로 비싸서 긴급을 요하거나 고가품인 경우에만 제한적으로 사용된다.

Air Waybill ☞ AWB

ALB(American Land Bridge: 아메리칸 랜드브리지)

동아시아에서 미국 서해안까지 해상운송한 후, 대륙횡단철도를 이용하여 미국 동부로 운송하고, 이를 다시 해상을 통해 유럽의 목적지까지 운송하는 방식.

Alibaba.com(알리바바닷컴)

중국에서 운영하는 세계 최대의 무역거래알선 사이트로서 품목별로 수출자가 자신이 공급가능한 제품 및 업체에 대한 정보를 게재하여 해당 제품에 관심 있는 수입자들이 연락할 수 있도록 한다.

All Risks ☞ A/R

American Land Bridge ☞ ALB

Amount(총액)

물품의 단가Unit Price에 수량을 곱한 총금액으로 Total Amount라고도 한다.

Anti-Dumping Duties(덤핑방지관세)

덤핑수입이 우려될 때 부과하는 관세.

Applicant(개설의뢰인)

개설은행에 신용장을 개설해 달라고 의뢰하는 수입자.

A/R(All Risks: 전위험담보)

항해의 지연, 부보付保화물의 고유한 성질 및 하자에 기인하여 발생한 손실, 특약에 의해서 배제된 손실을 제외하고 모든 손해를 보상해 주는 보험조건.

Arbitration(중재)

당사자 쌍방의 중재합의에 의하여 공정한 제3자를 중재인으로 선정하고, 중재인이 내린 중재판정에 무조건 복종함으로써 분쟁을 해결하는 방법.

중재판정의 효력은 법원의 확정판결과 동일하며 UN에서 제정한 뉴욕협약New York Convention에 의거 외국에서도 강제집행이 보장되어 자국에서만 효력이 보장되는 소송보다 효력의 범위가 더 넓다.

Arrival Notice(화물도착통지서)

운송인이 통지인Notify Party에게 화물의 도착스케줄을 통보해 주는 서류.

Assured(피보험자)

피보험이익의 수혜자로서 사고발생 시 보험금을 청구하여 지급받을 권리를 갖는 자를 뜻하며 Insured라고도 부른다.

Assurer(보험자)

보험계약의 당사자로서 통상 보험회사를 뜻하며 Insurer라고도 부른다.

At Sight L/C(일람불신용장)

신용장에서 요구하는 선적서류와 환어음이 제시되는 즉시 신용장대금의 지급이 이루어지는 신용장. 이와 반대로 선적서류와 환어음이 제시되고 일정기간 후에 대금이 지급되는 신용장은 Usance L/C기한부신용장라고 한다.

AWB(항공화물운송장)

Air Waybill의 약어로 항공으로 화물을 운송할 경우 항공사 또는 항공화물운송대리점에서 발행하는 항공화물수령증. 선하증권은 유가증권으로서 유통이 가능한 반면에 항공운송장은 화물의 수령을 증명하는 영수증에 불과하며 유통이 불가능하다.

항공운송장은 기명식으로만 발행되며 항공운송장에 명시된 Consignee에게 화물이 인도되는 순간 효력이 소멸된다. 항공화물운송장은 세 장의 원본이 발행되며 제1원본(녹색)은 운송인용, 제2원본(적색)은 수하인용, 제3원본(청색)은 송화인용이다.

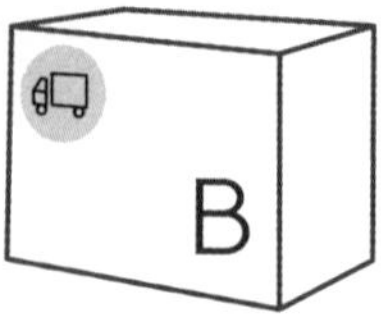

Back to Back L/C

① 견질신용장: 원신용장Master L/C을 견질로 하여 원자재나 완제품공급자에게 발행하는 제2의 신용장을 뜻하며, 국내공급자를 수익자로 발행하는 Local L/C와 중계무역 시 국외공급자를 수익자로 발행하는 Sub L/C(Baby L/C)가 있다.

② 동시개설신용장: 수익자가 신용장을 받은 날로부터 일정한 기일 내에 수입자에게 Counter L/C를 개설해야 신용장이 유효하다는 조건을 단 신용장으로서 연계무역에서 사용되는 신용장이며 일반적인 무역거래에서는 거의 사용되지 않는다.

BAF(Bunker Adjustment Factor: 유류할증료)

선박의 주 연료인 벙커유의 가격변동에 따르는 손실을 보전하기 위해서 부과하는 할증료.

Bank Capability Letter ☞ BCL

Banker's Usance L/C

유선스기간의 이자를 개설은행이 부담하는 기한부신용장으로서 개설은행에서 개설의뢰인(수입자)에게 이자를 청구하므로 결국 바이어가 이자를 부담하기 때문에 Buyer's Usance L/C라고 부르기도 한다.

수입자는 Usance L/C 금액과 별도로 Usance 기간 동안의 이자를 함께 부담해야 하며, 수출자는 At Sight L/C와 마찬가지로 선적 즉시 물품대금 전액을 지급받을 수 있으므로 계약금액에 이자를 반영할 필요가 없다.

Usance L/C는 신용장 본문 42c draft 난에 '90 days after sight' 또는 '90 days from B/L date' 등과 같이 표기하며 Banker's Usance L/C인 경우에는 다음과 같은 문구가 추가된다.

> Beneficiary's draft drawn under this credit must be negotiated on at sight basis. Acceptance commission and discount charges are for the account of applicant.

Barcing(수평지주)

물품을 수평 방향에서 옆으로 지지하는 것.

Barter Trade(바터무역)

서로 물품대금을 지급하지 않고 물품을 1대1로 주고받는 방식의 무역거래.

BCL(Bank Capability Letter)

은행이 고객의 자금능력을 증명해 주는 문서.

Beneficial Duty(편익관세)

조약 미체결국가로부터 수입되는 물품에 대하여 이미 조약이 체결된 국가에 적용되는 편익의 한도 내에서 편익을 제공하는 것.

Beneficiary(수익자)

신용장에 명시된 물건을 선적하고 은행으로부터 대금을 지급받는 수출자.

B

Berth Term

일반상품의 운송에 사용되는 정기선의 운임에 선적 및 하역비용을 포함시켜서 선주가 부담하는 조건을 뜻하며 Liner Term이라고도 한다.

Bill of Exchange(Draft: 환어음)

채권자가 채무자에게 어음에 기재된 금액을 어음상의 권리자(지명인 또는 소지인)에게 지급할 것을 위탁하는 증권으로서 결제방식이 신용장방식이거나 추심방식일 경우에 발행되며, 송금방식으로 대금을 결제할 경우에는 통상 환어음을 발행하지 않는다.

신용장방식의 거래에서는 채권자인 수출자가 채무자인 개설은행 앞으로 발행하며 환어음에 기재된 금액을 매입은행(수출자가 선적서류를 제출하고 신용장대금을 지급받는 은행)에 지급하라는 내용으로 작성한다.

원래 신용장은 개설은행(수입자의 거래은행)에서 수익자(수출자)에게 신용장대금을 지급하겠다고 약속하는 증서이기 때문에 수출자는 물건을 선적하고 선적서류를 개설은행에 제출한 뒤 대금을 지급받아야 하지만 수출자와 개설은행은 서로 거래관계가 없고 외국에 있기 때문에 개설은행에 서류를 제출하고 대금을 지급받는 것은 현실적으로 어려움이 있다.

이런 문제를 해결하기 위해서 개설은행이 아닌 제3의 은행(주로 수출자의 거래은행)에서 수출자로부터 서류를 매입하고 대금을 지급할 수 있도록 허용하는데 이런 신용장을 매입신용장이라고 한다.

매입신용장에 의거 물건을 선적한 수출자는 매입은행에 선적서류를 제출하고 신용장대금을 수취하는데 이때 선적서류와 함께 개설은행 앞으로 작성한 환어음을 제출함으로써 매입은행이 개설은행으로부터 신용장대금을 수취할 수 있도록 한다.

결론적으로 신용장방식의 거래에서 환어음이 필요한 이유는 개설은행에서 수출자에게 직접 신용장대금을 지급하는 것이 아니라 수출자는 매입은행에서 신용장대금을 지급받고 개설은행에서는 매입은행에 지급해야 하기 때문에 이런 관계를 명확히 하기 위해서 수출자가 개설은행에 신용장대금을 매입은행에 지급해 달라고 요청하기 위해서다.

Bill of Lading ☞ **B/L**

B/L(Bill of Lading: 선하증권)

해상운송계약에 따라 화물을 인수하고 증권에 기재된 조건에 따라 운송하며 지정된 목적항에서 증권의 정당한 소지인에게 화물을 인도할 것을 약정하는 유가증권.

수출자는 물건을 선적한 후에 선박회사 또는 포워더로부터 B/L을 발급받아서 은행을 통하거나 직접 수입자에게 보내주고, 수입자는 물건이 도착한 후에 선박회사에 B/L 원본을 제출하고 화물을 인수한다.

Blank Endorsement(백지배서)

선하증권이나 보험증권과 같은 유가증권의 권리를 양도할 때 권리를 양도받을 대상을 기재하지 않고 배서하는 것.

통상적으로 신용장방식의 거래에서 수출자가 선하증권과 보험증권을 은행에 제출하기 전에 백지배서함으로써 개설의뢰인(수입자)이 신용장대금을 결제하지 않으면 은행에서 제3자에게 물건을 인도할 수 있도록 한다.

Bonded Area(보세구역)

외국물품과 일정한 내국물품에 대하여 관세법에 의하여 관세의 부과가 유보되는 구역으로서 보세창고, 지정장치장, 보세공장, 세관검사장, 보세전시장, 보세건설장, 보세판매장, 종합보세구역 등이 있다.

Bonded Construction Site(보세건설장)

산업시설의 건설을 위하여 수입한 기계류 설비품 또는 공사용 장비를 장치·사용하여 건설공사를 할 수 있는 장소.

Bonded Display Area(보세전시장)

국제전시회의 운영을 위하여 외국물품을 장치·전시 또는 사용할 수 있는 장소.

Bonded Factory(보세공장)

외국물품 또는 외국물품과 내국물품을 원료로 하여 제조 및 가공, 기타 이에 유사한 작업을 하는 구역.

Bonded System(보세제도)

외국물품에 대한 관세의 징수를 일정기간 유보하는 제도로서 수입신고 미필상태의 물품을 집중관리함으로써 통관질서를 확보하고, 관세 부담 없이 외국물품을 반입한 후 국내외 시장 수요에 따라 적시 반출할 수 있도록 하며, 수출보세공장을 지원해 주기 위해서 운영하는 제도이다. 보세제도는 크게 보세구역제도와 보세운송제도로 나누어진다.

Bonded Transportation(보세운송)

수출신고를 마친 수출품이나 수입신고를 하기 전의 수입품을 운송하는 것.

Bonded Warehouse(보세창고)

외국물품 또는 통관을 하고자 하는 물품을 일시적으로 보관하기 위한 장소로서 세관장의 특허를 받아 운영된다.

Bonded Warehouse Transaction ☞ BWT

Bulk Cargo(야적화물)

광물이나 곡물 등과 같이 컨테이너에 적재할 수 없어서 야적상태로 운송하는 화물.

Bulk Transportation(야적운송)

광물이나 곡물 등과 같이 컨테이너에 적재할 수 없는 화물을 야적상태로 운송하는 방식.

Bunker Adjustment Factor ☞ BAF

Buy Back

플랜트나 기술을 해당 플랜트 혹은 기술로 생산되는 제품을 수입하는 조건으로 수출하는 방식으로서 저개발국에 대한 산업협력 차원에서 이루어진다.

Buyer's Usance L/C ☞ **Banker's Usance L/C**

Buying Agent ☞ **Buying Office**

Buying Office(바잉오피스)

외국의 수입업자를 대신해서 국내공급업체 개발, 오더협상, 품질검사 및 사후관리 등의 역할을 수행하는 무역에이전트로서 바잉에이전트Buying Agent라고도 부른다.

BWT(Bonded Warehouse Transaction: 보세창고도거래)

수출자가 자신의 위험과 비용으로 수입국의 보세창고에 물품을 입고시키고 수입통관을 밟지 않은 상태에서 현지에서 물품을 판매하는 방식.

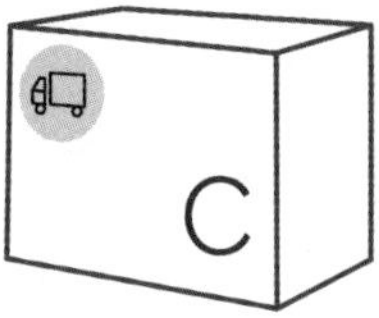

CAD(Cash Against Documents)

수출국에 주재하는 수입자의 지사나 에이전트가 선적서류를 인수하는 대가로 대금을 지급하는 조건으로서 ① 수출자와 수입자 간의 계약 ② 수출국에 주재하는 수입자의 지사나 에이전트가 선적 전 물품 검사 ③ 수출자가 물품 선적 ④ 수입자의 지사나 에이전트가 대금을 결제하고 선적서류 인수 ⑤ 수입자의 지사나 에이전트가 선적서류를 수입자에게 송부하는 식으로 업무가 진행된다.

CAD방식의 거래는 서류와 상환하여 대금결제가 이루어지므로 서류상환방식이라고도 부르며, 수출자의 입장에서 보면 물건이 선적된 후에 대금의 결제가 이루어지므로 사후송금방식으로 분류하기도 한다.

CAD방식의 거래는 수입자의 입장에서 보면 선적 전에 물품의 품질을 확인할 수 있어서 안전한 방식이나, 수출자의 입장에서 보면 선적이 이루어진 후에 수입자가 대금결제를 거부할 경우에 손해를 감수해야 한다.

한편 수출자가 선적서류를 수입자의 지사나 에이전트 대신에 수입자의 거래은행으로 송부하고 수입자로 하여금 대금결제와 동시에 선적서류를 인수토록 하는 방식을 European D/P라고 하며 인지세 부담을 덜기 위해서 환어음을 발행하지 않고 수출자가 직접 수입자의 거래은행으로 선적서류를 송부한다.

CAF(Currency Adjustment Factor: 통화할증료)

운임표시 통화의 가치하락에 따른 손실을 보전하기 위해서 부과하는 할증료.

Cargo Insurance(적하보험)

운송 도중 발생하는 물품의 분실이나 파손으로 인한 손해를 보상해 주는 보험. 인코텀즈에서 규정한 위험의 이전시점에 따라 위험이전이 수출국에서 이루어지는 EXW, FOB, FCA, FAS, CFR, CPT 등의 조건으로 거래할 때는 수입자가 보험에 들어야 하고, 위험이전이 수입국에서 이루어지는 DAT, DAP, DDP 조건으로 거래할 때는 수출자가 보험에 들어야 한다. 다만 CIF나 CIP 조건의 경우에는 위험이 수출국에서 이전되지만 예외적으로 수출자가 수입자를 위해서 보험에 가입하도록 규정해 놓고 있다.

결론적으로 조건명에 'I'자나 'D'자가 들어가는 CIF, CIP, DAP, DPU, DDP 조건의 거래일 때는 수출자가 보험에 가입하고, 나머지 조건의 거래에서는 수입자가 보험에 가입한다고 정리할 수 있다.

C

Cash Buying Rate(현찰매입율)

고객이 은행에 현찰을 팔 때 적용하는 환율.

Cash Selling Rate(현찰매도율)

고객이 은행에서 현찰을 살 때 적용하는 환율.

CBM(Cubic Meter)

부피의 단위로서 가로, 세로, 높이가 각각 1미터일 때의 부피를 1CBM이라고 한다. 수출화물의 CBM을 계산하기 위해서는 우선 화물을 포장한 카톤박스의 규격(가로·세로·높이)을 곱해서 박스 하나의 CBM을 구한 다음, 총 박스 수를 곱하면 된다.

예를 들어 가로·세로·높이가 각각 50cm, 60cm, 100cm인 박스 10개에 포장된 물건을 수출한다면 박스 하나의 CBM은 0.5×0.6×1=0.3CBM이고, 전체 화물의 CBM은 0.3×10=3CBM이 된다.

이론적으로 20피트 컨테이너의 최대적재용량은 33.2CBM이고 40피트 컨테이너의 최대적재용량은 67.11CBM이나 선적 과정에서 발생하는 공간을 감안하여 평균적으로 20피트 컨테이너에는 25CBM, 40피트 컨테이너에는 55CBM 정도를 적재한다.

따라서 수출화물의 총 CBM을 계산해서 25CBM에 근접하면 FCL로 처리하고, 25CBM에 크게 미치지 못하는 소량화물의 경우에는 LCL로 처리한다.

CBR(Commodity Box Rate)

화물의 성질에 따라 차등적으로 적용하는 컨테이너 운임.

CCC(Container Clearing Charge)

컨테이너 청소 비용.

Certificate of Origin(원산지증명서)

물품의 원산지를 확인하기 위해서 수출자, 수출국의 상공회의소나 세관 등 관련 관공서에서 발급하는 증명서.

C&F

CFR의 예전 명칭으로서 조건명에서 특수문자를 배제하기 위해서 CFR로 바꿨다.

CFR(운임포함인도조건)

Cost and Freight의 약어로 매도인이 선적항에서 물품을 적재하여 인도하고 물건이 선적항에서 선적될 때까지의 비용 및 지정된 목적항에 도착할 때까지의 해상운임을 매도인이 부담하는 조건이다. 보험은 매수인이 들어야 하고, CFR 다음에 목적항을 표시해서 해당 목적항까지의 해상운임을 매도인이 부담해야 한다.

수출가격은 공장도가격에 선적항에서 물건이 선적될 때까지 필요한 비용(수출국내륙운송비, 수출통관비용 등) 및 목적항까지의 해상운임을 더해서 계산하고, 수입원가는 수출가격에다 보험료 및 물품이 지정된 목적항에 도착한 이후부터 발생하는 모든 비용(수입통관비용, 수입국내륙운송비 등)을 더해서 계산하면 된다.

만약 운송 도중 사고위험을 보상해 주는 보험을 매수인 대신 매도인이 가입하는 조건으로 바꾸고 싶다면 CIF 조건으로 계약하면 된다.

CFR 조건은 해상운송 전용규칙이므로 목적지가 공항이거나 내륙의 어느 지점인 경우에는 CFR 대신에 CPT 조건을 사용해야 한다. 또한 인코텀즈에서는 컨테이너 운송의 경우 화주별로 선박에서 컨테이너를 인도하지 않고 컨테이너터미널에 설치된 CY Container Yard에서 인도하므로 CFR 대신에 CPT 조건을 사용하라고 권고하고 있다.

CFS(Container Freight Station: 컨테이너작업장)

복수의 송하인으로부터 LCL 화물을 인수해서 컨테이너에 적재하는 작업을 하거나 수입된 LCL 화물을 컨테이너에서 하역하는 작업을 하는 장소.

FCL 화물은 개별 송하인이나 수하인이 원하는 장소에서 컨테이너에 물건을 적재하거나 하역하지만, LCL 화물의 경우에는 컨테이너터미널에 위치한 CFS에서 물건을 적재하거나 하역함으로써 복수의 장소에서 물건을 적재하거나 하역하는 데 따르는 비용 및 시간상의 낭비를 막을 수 있다.

CFS Charge

소량화물LCL Cargo을 선적지에서 혼적하거나 도착지에서 분류하는 데 발생하는 비용.

CGO CLS(Cargo Closing)

지정된 CY 또는 CFS에 화물을 반입해야 하는 마감시한.

Charter Party(용선계약)

대량화물을 부정기선Tramper으로 운송할 때 선복Ship's Space의 일부 또는 전부를 빌리기 위해서 선박회사와 화주 간에 체결하는 계약. 용선계약에는 선복 전부를 빌리는 전체 용선계약Whole Charter과 선복의 일부만을 빌리는 일부 용선계약Partial Charter이 있다.

C

Charter Party B/L(용선계약선하증권)

대량화물을 운송하기 위해서 특정 항로나 일정기간 동안 부정기선을 빌릴 때 화주와 선박회사 간에 체결된 용선계약에 의거 발행되는 선하증권.

CIC(Container Imbalance Charge)

컨테이너 수급불균형을 해소하기 위해서 컨테이너가 부족한 항구로 공컨테이너를 운송하는 비용을 보전하고자 부과하는 수수료.

CIF(운임보험료포함인도조건)

Cost Insurance and Freight의 약어로 매도인이 선적항에서 물건을 선박에 적재하여 인도하고 물건이 선적될 때까지의 비용 및 지정된 목적항에 도착할 때까지의 해상운임과 보험료를 매도인이 부담하는 조건이다. 보험은 매도인이 들어야 하고, CIF 다음에 목적항을 표시해서 해당 목적항까지의 해상운임 및 보험료를 매도인이 부담해야 한다.

수출가격은 공장도가격에 선적항에서 물건이 선적될 때까지 필요한 비용(수출국내륙운송비, 수출통관비용 등) 및 목적항까지의 해상운임과 보험료를 더해서 계산하고, 수입원가는 수출가격에다 물품이 지정된 목적항에 도착한 이후부터 발생하는 모든 비용(수입통관비용, 수입국내륙운송비 등)을 더해서 계산하면 된다.

CIF 조건은 해상운송 전용규칙이므로 목적지가 공항이거나 내륙의 어느 지점인 경우에는 CIF 대신에 CIP 조건을 사용해야 한다. 또한 인코텀즈에서는 컨테이너 운송의 경우 화주별로 선박에서 컨테이너를 인도하지 않고 컨테이너터미널에 설치된 CYContainer Yard에서 인도하므로 CIF 대신에 CIP 조건을 사용하라고 권고하고 있다.

CIP(운송비보험료지급인도조건)

Carriage and Insurance Paid to의 약어로 매도인이 수출국 내에서 자신이 선정한 운송인에게 물건을 인도하고 물건이 인도될 때까지의 비용 및 지정된 장소에 도착할 때까지의 모든 운송비와 보험료를 매도인이 부담하는 조건이다. 보험은 매도인이 들어야 하고, CIP 다음에 지정된 장소를 표시해서 해당 장소까지의 모든 운송비 및 보험료를 매도인이 부담한다.

수출가격은 공장도가격에 물건이 인도될 때까지의 비용(수출국내륙운송비, 수출통관비용 등) 및 지정된 장소에 도착할 때까지의 모든 운송비와 보험료를 더해서 계산하고, 수입원가는 수출가격에다 수입통관비용 및 물품이 지정된 목적지에 도착한 이후에 발생하는 비용을 더해서 계산하면 된다.

C

Claim(클레임)

계약의 당사자 중 한쪽에서 계약을 이행하지 않음으로 인해서 발생하는 손해를 보상받기 위해서 피해자가 손해배상을 청구하는 권리 또는 그와 같은 권리를 행사하는 것.

무역클레임은 다양한 계약조건을 대상으로 제기되지만 가장 대표적인 것이 수출자가 선적한 물품의 품질이나 수량에 이상이 있는 경우다. 수입자의 입장에서 물품이 도착하면 가급적 빨리 물품을 검사해서 이상이 있으면 즉시 수출자에게 통지하고 손해배상을 청구해야 한다.

무역클레임의 제기 기한은 나라마다 다르고 애매하게 규정되어 있는 경우가 많으므로 중요한 무역거래에 대한 계약을 체결할 때는 별도로 명시해 두는 것이 좋다.

• Claim 관련 영문 표현

Make(File, Put in) a claim 클레임을 제기하다

Claim Amount

① 보험회사에서 피보험자에게 지급하는 보상금.

② 무역거래당사자 일방의 잘못으로 손해를 입게 된 피해자가 손해배상조로 요구하는 금액.

Clean Bill of Exchange(무담보어음)

선적서류가 첨부되지 않고 환어음만으로 결제가 이루어지는 어음.

Clean B/L(무사고선하증권)

Remark 난에 아무런 하자내용이 기재되지 않은 무사고선하증권. 이와 반대로 운송인이 화물을 인수받았을 때 포장상태나 수량 등에 하자가 있을 경우 추후 책임을 지지 않기 위해서 Remark 난에 하자내용을 기재한 선하증권을 사고선하증권Foul B/L 또는 Dirty B/L이라고 한다.

사고선하증권은 은행에서 매입을 거절하므로 수출자는 하자내용을 보완한 후 무사고선하증권을 발급받아야 한다. 선적기일 내에 하자보완이 불가능한 경우에는 선박회사에 파손화물보상장L/I: Letter of Indemnity을 제출하고 무사고선하증권을 교부받을 수 있다.

파손화물보상장이란 화물 인수 시 발견된 하자로 인해서 발생하는 화물의 손상에 대해서 화주가 책임을 지며 선박회사는 면책된다는 내용을 기재한 서식으로서 이 서식에 의거 파손화물에 대한 최종 보상책임은 수출자가 부담하게 된다.

C

CNEE ☞ **Consignee**

CNTR ☞ **Container**

COC(Carrier Owned Container)

선박회사 소유 컨테이너.

COD(Cash On Delivery)

물품인도와 상환하여 대금을 지급하는 방식으로서 ① 수출자와 수입자 간의 계약 ② 수입국에 주재하는 수출자의 지사나 에이전트 앞으로 물품을 선적 ③ 지사나 에이전트에 선적서류를 송부 ④ 지사나 에이전트가 물품을 수입통관하여 보관하고 수입자가 물품확인 ⑤ 수입자가 대금을 결제하고 물품을 인수 ⑥ 지사나 에이전트가 수출자에게 대금을 송부하는 식으로 업무가 진행된다.

COD방식의 거래에서 선하증권상의 수하인Consignee은 수입국에 있는 수출자의 지사나 대리인 또는 그들의 지시식으로 발행되며,

수입자가 대금을 결제함과 동시에 B/L을 양도함으로써 물품을 인도하게 된다.

COD방식의 거래는 물품의 인도와 동시에 대금이 결제되므로 현물상환방식이라고도 부르며, 수출자의 입장에서 보면 물건이 선적된 후에 대금의 결제가 이루어지므로 사후송금방식으로 분류하기도 한다.

COD방식은 수입국에 수출자의 지사나 에이전트가 있고 귀금속과 같은 고가품으로서 품질을 직접 확인할 필요가 있는 품목의 거래에 주로 사용되며, 수입자의 입장에서는 물품을 확인한 후에 대금을 결제하면 되므로 안전하지만 수출자의 입장에서는 수입자가 물품인수를 거부할 경우에 손해를 감수해야 한다.

Collection Exchange(추심환)

채권자인 수출자가 은행에 추심을 의뢰하여 물품대금을 회수하는 방식. 한편 채무자인 수입자가 채권자인 수출자에게 물품대금을 지급하기 위해서 은행에 송금을 의뢰하는 방식을 송금환이라고 한다.

Combined Transport(복합운송)

하나의 운송계약에 의거 서로 다른 두 가지 이상의 운송수단을 사용하여 화물을 목적지까지 운반하는 것으로서 Multimodal Transport라고도 부른다. 복합운송계약에 의거 전 계약구간의 복합운송을 총괄하는 자를 복합운송인이라고 한다.

Commercial Invoice(상업송장)

물품명세서와 대금청구서의 역할을 하는 서식으로서 수출자가 작성한다.

수출입통관 과정에서 세관은 해당 물건이 외국으로 나가도 되는지 또는 외국에서 들여온 물건이 국내로 들어와도 되는지를 심사해야 하는데 세관의 입장에서 일일이 직접 물건을 확인할 수가 없기 때문에 원칙적으로 서류심사를 하게 된다.

이때 서류심사를 하기 위해서는 해당 물건이 어떤 물건이라는 것을 확인하기 위해서 물품명세서가 필요한데 이런 역할을 하는 서류가 바로 상업송장이다. 따라서 상업송장이 없으면 통관이 되지 않기 때문에 B/L과 더불어 무역서식 중 가장 중요한 서식 중의 하나라고 할 수 있다. 또한 상업송장은 은행이나 수입자에게 얼마를 달라고 요구하는 대금청구서의 역할을 한다.

상업송장은 정해진 양식이 없지만 물품확인서와 대금청구서의 역할을 해야 하기에 품명Description, 수량Quantity, 단가Unit Price, 총액Amount 및 FOB, CIF와 같은 거래조건Trade Terms 등을 명시해야 한다.

Commission Agent

국내외 수출입업체의 에이전트 역할을 수행하고 커미션을 받는 무역에이전트.

Compensation Duties(상계관세)

교역상대국에서 보조금을 지급받은 물품이 저가로 수입될 우려가 있을 때 부과하는 관세.

Compensation Trade(구상무역)

수출입 대금의 일부 또는 전부를 상응하는 수입 또는 수출로 상계시키는 방식의 무역거래. 일반적으로 하나의 계약에 의해서 수출입거래가 이루어지며 Back to Back L/C, Tomas L/C, Escrow L/C와 같은 특수신용장을 이용해서 상계방식으로 대금결제가 이루어진다.

Conciliation(조정)

당사자 쌍방의 조정합의에 따라 공정한 제3자를 조정인으로 선임하여 분쟁해결방안을 제시해 줄 것을 요청하고, 조정인이 제시하는 조정안에 쌍방이 동의함으로써 분쟁을 해결하는 방법.

당사자 쌍방이 조정안에 동의함으로써 조정이 성립되면 중재판정과 동일한 효력이 발생하여 강제력이 있으나 당사자 중 일방이라도 조정안에 동의하지 않으면 조정이 성립되지 않는다는 문제가 있다.

C

Confirmation Charge(확인수수료)

확인은행에서 별도의 지급확약을 해주는 대가로 징수하는 수수료.

Confirmed L/C(확인신용장)

개설은행의 신용이 불확실할 때 제3의 은행에서 추가적으로 대금지급을 확약하는 신용장. 이때 확인은행의 지급확약은 개설은행의 지급확약에 따른 부차적인 지급확약이 아니라 별도의 독립적이고 직접적인 지급확약이다. 확인신용장은 개설은행의 신용이 불확실한 개발도상국과의 거래에 주로 사용된다.

Confirming Bank(확인은행)

개설은행의 신용을 믿을 수 없을 때 개설은행과 별도로 신용장대금의 지급을 확약해 주는 은행.

Consignee(수하인)

화물을 인수할 수취인. 결제방식이 송금방식일 때는 B/L의 Consignee 난에 수입자의 상호 및 주소를 기재하고, 신용장방식일 때는 신용장의 Documents Required 난에 명시된 대로 '개설은행의 지시에 따른다(to the order of 개설은행명)'라고 기재한다.

신용장방식의 거래에서 수하인을 수입자로 지정하지 않고 '개설은행의 지시에 따른다'라고 표시하는 이유는 개설은행에 선적서류가 도착했으나 수입자가 신용장대금을 결제할 수 없어서 선적서류를 인수할 수 없을 때 제3자에게 B/L을 비롯한 선적서류를 양도하기 위함이다.

Consignment Export Trade(위탁판매수출)

수출자가 소유권을 이전하지 않고 물품을 수출한 후 물품이 판매된 범위 내에서만 대금을 영수하고, 판매하고 남은 물량은 수출자에게 반송하거나 제3자에게 판매하는 방식의 거래.

수출자가 자금부담 및 판매에 따르는 위험을 부담해야 하므로 본지사 간의 거래나 신규 해외시장 개척 시 제한적으로 활용하는 거래방식이다.

Constructive Total Loss(추정전손)

전체적으로 멸실되지 않았더라도 손해의 정도가 본래의 효능을 상실하거나 복구비용이 해당 물품의 시장가격을 초과하여 전손으로 추정될 정도의 손해. 추정전손의 경우에는 위부Abandonment에 의해서 보험금액 전액을 청구할 수 있다.

C

Container(컨테이너)

화물을 보다 능률적이고 경제적이며 안전하게 운송하기 위한 용기. 컨테이너는 크기에 따라 20피트 컨테이너(길이 5.898m×폭 2.348m×높이 2.376m)와 40피트 컨테이너(길이 12.031m×폭 2.348m×높이 2.376m)로 나누어지며, 컨테이너의 대형화에 따라 45피트 점보Jumbo 컨테이너와 하이큐빅High Cubic컨테이너의 사용도 늘어나고 있다.

또한 용도에 따라 일반화물을 적재하는 드라이Dry Cargo컨테이너, 농산물이나 축산물같이 보온 또는 보냉운송이 필요한 화물을 적재하는 냉동Refrigerated 또는 Reefer컨테이너, 지붕이 개방된 오픈탑Open Top컨테이너, 액체상태의 식품이나 화학제품을 적재하는 탱크Tank 컨테이너, 살아 있는 동물을 수송하는 데 사용하는 라이브스탁Live Stock컨테이너 등이 있다.

Container Freight Station ☞ **CFS**

Container Terminal(컨테이너터미널)

컨테이너 전용부두에 설치되어 있는 컨테이너 집결지를 뜻하며 수출화물이 선적되기 전이나 수입화물이 하역되어 대기하는 장소.

Container Transportation(컨테이너 운송)

화물을 컨테이너에 적재하여 운송하는 방식. 한편 곡물이나 광물 등과 같이 컨테이너에 적재하여 운송할 수 없는 화물을 선박에 직접 적재하여 운송하는 방식을 Bulk Transportation벌크 운송이라고 한다.

Container Yard ☞ CY

Conventional Tariff(협정관세)

특정국가 또는 국제기구와의 협상을 통해서 양허한 관세로서 이때 적용되는 세율을 협정세율 또는 양허세율이라고 한다.

협정관세에는 세계무역기구협정 일반양허관세(WTO일반협정관세), 세계무역기구협정 개발도상국 간의 양허관세(WTO개도국협정관세), 아시아·태평양 무역협정 양허관세, 유엔개발회의 개발도상국 간 특혜무역제도의 양허관세(UN개도국협정관세) 및 전 세계 각국과의 관세협상에 따른 국제협력관세가 있다.

C

Counter Offer(반대오퍼)

오퍼를 받은 쪽에서 오퍼에 명시된 조건을 수정하거나 새로운 조건을 추가하여 다시 제시하는 오퍼.

Counter Purchase(대응구매)

수출액의 일정비율에 해당하는 물품을 대응 수입하겠다는 계약을 체결하고 수출하는 방식의 무역거래.

하나의 계약에 의해 수출입거래가 이루어지는 구상무역과 달리 수출과 수입이 거래내용상으로는 상호 연계되어 있으나 형식상으로는 각각 수출계약 및 대응구매계약이라는 별개의 계약에 의해서 거래가 이루어진다.

Counter Trade(연계무역)

동일한 거래당사자 간에 수출과 수입을 연계시키는 무역을 뜻하며 물품대금결제의 유무 및 계약방식 등에 따라 물물교환, 구상무역, 대응구매, 제품환매 등으로 나누어진다.

연계무역은 외화가 부족하거나 완제품 생산능력이 떨어지는 저개발국과의 교역을 활성화시키기 위한 방편으로 활용되는 무역거래방식이다.

CPT(운송비지급인도조건)

Carriage Paid To의 약어로 매도인이 수출국 내에서 자신이 선정한 운송인에게 물건을 인도하고 물건이 인도될 때까지의 비용 및 지정된 장소에 도착할 때까지의 모든 운송비를 매도인이 부담하는 조건이다. 보험은 매수인이 들어야 하고, CPT 다음에 수입국 내의 지정된 장소를 표시해서 해당 장소까지의 모든 운송비를 수출자가 부담한다.

수출가격은 공장도가격에 물건이 인도될 때까지의 비용(수출국 내륙운송비, 수출통관비용 등) 및 지정된 장소에 도착할 때까지의 모든 운송비를 더해서 계산하고, 수입원가는 수출가격에다 보험료 및 수입통관비용, 물품이 지정된 목적지에 도착한 이후에 발생하는 비용을 더해서 계산하면 된다.

만약 운송 도중 사고위험을 보상해 주는 보험을 매수인 대신 매도인이 가입하는 조건으로 바꾸고 싶다면 CIP 조건으로 계약하면 된다.

Cross Rate

기축통화(우리나라의 경우 미 달러화)와 다른 외국통화 간의 환율.

C

CRS(Cost Recovery Surcharge)

예기치 못한 비용발생으로 인한 선박회사의 손실을 보전하기 위해서 긴급하게 부과하는 할증료.

C/S(Cargo Selectivity System: 우범화물 자동선별시스템)

세관에서 수입물품을 검사할 때 사전등록된 기준에 의하여 우범성이 있는 화물에 대한 검사 여부를 결정하기 위한 시스템.

CT(Container Terminal)

컨테이너 전용부두에 설치되어 있는 컨테이너 집결지를 뜻하며 수출화물이 선적되기 전이나 수입화물이 하역되어 대기하는 장소.

Customs Clearance(통관)

무역 관련법령에 의거 물품의 수입과 수출에 따른 각종 규제사항을 확인하고 관세를 부과하기 위한 세관의 통과 절차.

Customs Duty(관세)

세관에서 부과하는 세금으로서 우리나라에서는 수입품에 대해서만 관세가 부과된다.

CY(Container Yard)

컨테이너터미널 내에 위치한 컨테이너야적장으로서 수출 시 선박에 컨테이너를 싣기 전이나 수입 시 선박에서 내린 컨테이너를 모아두는 장소를 뜻한다.

선박회사의 입장에서 수많은 송하인 또는 수하인을 상대로 개별적으로 컨테이너를 인수하거나 인도하기가 힘들기 때문에 CY를 지정해서 송하인 또는 수하인들로 하여금 CY에서 화물을 인도하거나 인수해 가도록 한다.

D

D/A(Documents against Acceptance)

추심은행에서 수입자로부터 일정기간 후에 물품대금을 지급하겠다는 약속을 받고 서류를 인도하는 방식. D/A방식의 거래에서 수입자가 물품대금을 지급하는 시기는 수출자와 수입자 간의 매매계약 시에 별도로 합의한다. 예를 들어 'D/A 90 days'라고 하면 서류를 인수한 날로부터 90일 후에 물품대금을 지급한다는 뜻이다.

D/A방식은 ① 수출자와 수입자 간의 계약 ② 수출자가 물품을 선적하고 선박회사로부터 B/L 수취 ③ 수출자가 추심의뢰은행(주로 수출자의 거래은행)에 선적서류를 제출하고 추심의뢰 ④ 추심의뢰은행에서 추심은행(주로 수입자의 거래은행)에 선적서류를 송부하고 추심의뢰 ⑤ 추심은행에서 수입자로부터 일정기간 후에 물품대금을 지급하겠다는 약속을 받고 서류를 인도 ⑥ 수입자가 선박회사에 B/L을 제시하고 물품인수 ⑦ 수입자가 약속한 기일에 물품대금을 지급하는 방식으로 업무가 진행된다.

D/A방식의 거래는 ⑥번까지만 진행되고 끝날 수 있다. 즉, 수입자가 물품을 인수하고 대금결제를 약속한 날짜에 물품대금을 지급하지 않는 경우다. 이런 경우 은행에서 대금지급을 책임지지 않기 때문에 수출자로서는 막대한 손해를 감수해야 한다. 따라서 D/A방식은 수입자의 신용이 확실한 경우나 본지사 간의 거래에만 제한적으로 사용할 수 있다.

D/A와 사후송금방식의 차이점

D/A방식이나 사후송금방식 모두 은행에서 대금지급을 보증하지 않는다는 점에서는 같지만 사후송금방식은 수출자가 물품을 선적하고 선적서류를 직접 수입자에게 보내는 반면에 D/A방식에서는 수출자가 물품을 선적하고 선적서류를 은행을 통해서 보낸다는 것이 다르다.

또한 D/A방식에서는 선적서류를 보낼 때 수출자가 수입자를 지급인으로 명시한 환어음을 발행하고 수입자가 선적서류와 함께 환어음을 인수함으로써 만기에 수입자가 결제를 하지 않으면 어음법에 의해서 처벌을 받을 수 있으므로 사후송금방식보다는 좀 더 수입자를 압박하는 효과를 기대할 수 있다.

DAF

Delivered At Frontier의 약어로 육지로 인접한 국가 간에 국경에서 물건을 인도하는 조건.

DAP(도착지인도조건)

Delivered At Place의 약어로 지정된 장소에 도착할 때까지의 위험 및 비용(수입통관에 따르는 비용과 책임 제외)을 매도인이 부담하는 조건이다. 보험은 매도인이 들어야 하고, DAP 다음에 목적지를 표시해서 해당 목적지에 도착할 때까지의 모든 비용(수입통관비용 제외)을 매도인이 부담한다.

수출가격은 공장도가격에 지정된 목적지에 도착할 때까지의 모든 비용(수입통관비용 제외)을 더해서 계산하고, 수입원가는 수출가격에다 수입통관비용 및 지정된 목적지에서 물건을 내리는 비용을 더해서 계산한다.

만약 지정된 장소에서 물건을 내릴 때까지의 비용과 위험을 매도인이 부담하는 조건으로 바꾸려면 DPU 조건으로 계약하고, 수입통관에 따르는 비용과 책임까지 매도인이 부담하는 조건으로 바꾸고 싶다면 DDP 조건으로 계약하면 된다.

DAT

Delivered At Terminal의 약어로 지정된 터미널에 도착한 운송수단에서 물품을 내려서 매수인에게 인도하는 조건.

DDA(Doha Development Agenda)

2001년 11월, 카타르의 도하에서 열린 세계무역기구WTO 제4차 각료회의에서 합의 후 시작된 다자간 무역협상.

1986년 9월부터 1993년 12월까지 진행되어 세계무역기구를 탄생시켰던 우루과이라운드UR: Uruguay Round의 뒤를 이어 농업과 비농산물, 서비스, 지적 재산권 등의 다양한 분야를 포함한 무역 자유화를 목표로 추진되었다.

출범될 당시에는 2005년 이전에 일괄타결 방식으로 협상을 종료한다는 계획이었으나 농산물에 대한 수입국과 수출국의 대립, 공산품 시장 개방에 대한 선진국과 개도국 간의 대립 등으로 인해 협상이 부진해졌다.

DDP(관세지급인도조건)

Delivered Duty Paid의 약어로 지정된 장소에 도착할 때까지의 모든 위험 및 비용을 매도인이 부담하는 조건이다. 보험은 매도인이 들어야 하고, DDP 다음에 목적지를 표시해서 해당 목적지에 도착할 때까지의 모든 비용(수입통관비용 포함)을 매도인이 부담한다.

수출가격은 공장도가격에 지정된 목적지에 도착할 때까지의 모든 비용(수입통관비용 포함)을 더해서 계산하고, 수입원가는 수출가격에다 지정된 목적지에서 물건을 내리는 비용을 더해서 계산한다.

DDP는 인코텀즈에서 규정한 11가지 조건 중에서 수출자의 의무가 가장 크고 수입자의 의무가 가장 작은 조건이다. DDP 조건은 수입자가 무역거래 경험이 적거나 수입에 따르는 위험을 회피하고 싶을 때 주로 사용하며, 수입자의 입장에서 보면 국내에서 물건을 구입하는 것과 차이가 없다. 한편 수출자의 입장에서 보면 수입통관의 책임까지 부담해야 하므로 수입통관에 따르는 위험을 책임질 수 없는 입장이라면 DDP 조건보다는 DAP 조건으로 계약하자고 수입자를 설득하는 것이 바람직하다.

만약 지정된 장소에 도착한 물건을 내릴 때 발생하는 비용과 위험까지 매도인이 부담하는 조건으로 바꾸고 싶다면 DDP UNLOADED, 부가세를 매수인이 환급받도록 하고 싶다면 DDP VAT EXCLUDED와 같은 변형조건으로 계약하면 된다.

D

DDP UNLOADED

지정된 장소에서 물품을 내릴 때까지 발생하는 모든 위험과 비용(수입통관비용 포함)을 매도인이 부담하는 변형조건.

DDP VAT EXCLUDED

DDP 조건에서 매도인이 부담해야 하는 세금 중 부가세VAT를 제외하여 수입자가 납부하고 환급받을 수 있게 하는 변형조건.

DDU

Delivered Duty Unpaid의 약어로 수입국에서 부과되는 세금 및 수입통관비용을 제외하고 지정된 장소에 도착할 때까지의 모든 위험과 비용을 매도인이 부담하는 조건.

Deferred Payment L/C(연지급신용장)

개설은행이 해외의 본지점이나 예치환거래은행을 연지급은행으로 지정하고, 연지급은행은 개설은행의 지시에 따라 만기일을 기재한 연지급확약서를 발급해 주고 만기일에 수익자에게 대금을 지급해 주는 신용장.

Delay Charge(지연이자)

수출의 경우 개설은행의 대금지급이 지연되거나 수입의 경우 수입자의 대금지급이 지연될 경우 각각 매입은행이나 개설은행에서 수출자 또는 수입자에게 부과하는 수수료.

Delivery Order ☞ D/O

DEM ☞ Demurrage

Demurrage(체선료)

CY에 반입된 컨테이너를 정해진 기간 내에 반출하지 않을 때 선박회사가 화주에게 부과하는 비용. 벌크화물Bulk Cargo의 경우에는 정해진 기간 내에 선적이나 하역을 하지 못해서 선박의 출항이 지연되는 경우 선박회사에서 화주에게 부과하는 비용을 뜻한다.

D

DEQ

Delivered Ex Quay의 약어로 지정된 부두에 도착할 때까지의 비용과 위험을 매도인이 부담하는 조건.

DES

Delivered Ex Ship의 약어로 지정된 목적항에서 물품을 양륙하기 전까지의 비용과 위험을 매도인이 부담하는 조건.

Description

물건의 명세.

Destination

물건이 도착할 곳.

DET ☞ Detention Charge

Detention Charge(반환지연료)

컨테이너를 정해진 기간 내에 반납하지 않을 때 지연된 반납에 대한 피해보상 명목으로 선박회사에서 화주에게 부과하는 비용.

Devanning

컨테이너에서 화물을 내리는 것. 반대로 컨테이너에 화물을 싣는 것을 Vanning, Loading, Stuffing 등이라고 부른다.

Dirty B/L(사고선하증권)

Remark 난에 화물의 포장상태나 수량 등에 하자가 있음이 기재된 선하증권으로서 'Foul B/L' 또는 'Unclean B/L'이라고도 부른다.

Dirty B/L은 은행에서 매입을 거절하므로 수출자는 하자내용을 보완한 후 Clean B/L무사고선하증권을 발급받아야 한다. 선적기일 내에 하자보완이 불가능한 경우에는 선박회사에 Letter of Indemnity L/I: 파손화물보상장를 제출하고 Clean B/L을 교부받을 수 있다.

Letter of Indemnity란 화물 인수 시 발견된 하자로 인해서 발생하는 화물의 손상에 대해서 화주가 책임을 지며 선박회사는 면책된다는 내용을 기재한 서식으로서 이 서식에 의거 파손화물에 대한 최종 보상책임은 수출자가 부담하게 된다.

Discrepancy Fee(하자수수료)

신용장방식의 거래에서 선적서류에 하자가 있음에도 은행에서 대금을 지급하는 경우 청구금액에서 차감하는 방식으로 징수하는 수수료.

D/O(화물인도지시서)

Delivery Order의 약어로 화물이 도착하였을 때 선박회사에서 선장이나 하역업자에게 물건을 수입자에게 인도하도록 지시하는 서식.

Dock Receipt ☞ **D/R**

Documentary Bll of Exchange(화환어음)

환어음에 화물이 실렸다는 증거인 운송서류(B/L 또는 AWB)를 첨부하여 제출하는 어음으로서 화환신용장Documentary Credit이란 화환어음을 요구하는 신용장을 뜻한다.

Documentary Clean L/C(무담보신용장)

선적서류의 제시 없이 수출자가 발행한 환어음과 상환하여 신용장대금이 지급되는 신용장. 이때 선적서류는 은행을 통하지 않고 수출자가 수입자에게 직접 발송한다.

Documentary L/C(화환신용장)

수출자가 물품을 선적하고 환어음과 함께 상업송장, 선하증권 등과 같이 신용장에서 요구하는 선적서류를 제시하면 선적서류와 상환하여 신용장대금이 지급되는 신용장으로서 일반상품 거래에서는 대부분 Documentary L/C가 사용된다.

Documentary L/C에 대비되는 개념으로 선적서류의 제시 없이 신용장대금이 지급되는 Clean L/C[무화환신용장]가 있으며, Clean L/C는 다시 화물의 존재유무에 따라 Standby L/C와 Documentary Clean L/C로 나누어진다.

Standby L/C[보증신용장]란 물품거래와 상관없이 순수한 보증목적으로 사용되는 신용장으로서 해외지사의 현지금융을 보증하거나 국제입찰 시 계약보증금, 이행보증금 등을 조달하는 데 이용하는 신용장이다.

Documentary Clean L/C[무담보신용장]는 화환신용장과 마찬가지로 일반상품의 거래에 사용되는 신용장이나 선적서류의 제시 없이 수출자가 발행한 환어음과 상환하여 신용장대금이 지급되는 신용장을 뜻한다. 이때 선적서류는 은행을 통하지 않고 수출자가 수입자에게 직접 발송한다.

Documentation Fee(서류발급비)

선박회사가 일반관리비를 보전하기 위해서 수출 시에는 선하증권을 발급할 때, 수입 시에는 화물인도지시서를 발급해 줄 때 징수하는 비용으로서 DOC Charge 또는 Document Charge라고 부르기도 한다.

D/P(Documents against Payment)

수입자가 추심은행에 물품대금을 지급하고 서류를 인수하는 방식. 수입자는 서류가 있어야만 물품을 찾을 수 있기 때문에 수출자는 최악의 경우 물품대금은 받지 못하더라도 물품은 확보할 수 있다.

D/P방식은 ① 수출자와 수입자 간의 계약 ② 수출자가 물품을 선적하고 선박회사로부터 B/L 수취 ③ 수출자가 추심의뢰은행(주로 수출자의 거래은행)에 선적서류를 제출하고 추심의뢰 ④ 추심의뢰은행에서 추심은행(주로 수입자의 거래은행)에 선적서류를 송부하고 추심의뢰 ⑤ 추심은행에서 수입자로부터 물품대금을 수취하고 선

적서류를 인도 ⑥ 수입자가 선박회사에 B/L을 제시하고 물품을 인수하는 방식으로 업무가 진행된다.

D/P방식의 거래는 ④번까지만 진행되고 끝날 수 있다. 즉, D/P 계약에 의거 수출자가 물품을 선적했는데도 불구하고 수입자가 물품대금을 지급하지 않는 경우다. 이런 경우 추심은행에서는 수입자에게 선적서류를 인도하지 않으므로 수입자는 물품을 인수할 수 없다. 이때 수입국에 도착한 물품은 수출자가 도로 싣고 가든지, 수입국의 다른 수입상에게 팔아야 한다. 어떤 경우라도 수출자로서는 금전적인 손해를 감수할 수밖에 없다. 도로 싣고 가려면 추가 발생비용을 부담해야 하고, 다른 수입상에게 팔기 위해서는 가격을 깎아주어야 하기 때문이다.

이와 같이 D/P방식의 거래는 은행에서 대금지급을 책임지지 않기 때문에 수출자의 입장에서는 수입자가 물품대금을 지급하지 않을 경우 손해를 감수할 수밖에 없다. 하지만 수입자가 물품대금을 지급하지 않고서는 물품을 인수할 수 없기 때문에 물품대금을 지급하지 않고 물품을 인수하는 사후송금방식이나 D/A방식보다는 상대적으로 덜 위험한 방식이라고 할 수 있다.

DPU(도착지양하인도조건)

Delivered at Place Unloaded의 약어로 지정된 장소에 도착한

물건을 내릴 때까지의 위험 및 비용(수입통관에 따르는 비용과 책임 제외)을 매도인이 부담하는 조건이다. 보험은 매도인이 들어야 하고, DPU 다음에 목적지를 표시해서 해당 목적지에 도착해서 내릴 때까지의 모든 비용(수입통관비용 제외)을 매도인이 부담한다.

수출가격은 공장도가격에 지정된 목적지에 도착해서 물건을 내릴 때까지의 모든 비용(수입통관비용 제외)을 더해서 계산하고, 수입원가는 수출가격에다 수입통관비용을 더해서 계산한다.

만약 지정된 장소에서 물건을 내리는 비용과 위험을 매수인이 부담하는 조건으로 바꾸려면 DAP 조건으로 계약하고, 목적지에서 내리는 비용을 제외하고 수입통관에 따르는 비용과 책임까지 매도인이 부담하는 조건으로 바꾸고 싶다면 DDP 조건으로 계약하면 된다.

D/R(부두수취증)

Dock Receipt의 약어로 컨테이너 화물을 부두에서 수령했다는 증거로 발행하는 서류.

Draft(Bill of Exchange: 환어음)

채권자가 채무자에게 어음에 기재된 금액을 어음상의 권리자(지명인 또는 소지인)에게 지급할 것을 위탁하는 증권으로서 결제방식

D

이 신용장방식이거나 추심방식일 경우에 발행되며, 송금방식으로 대금을 결제할 경우에는 통상 환어음을 발행하지 않는다.

신용장방식의 거래에서는 채권자인 수출자가 채무자인 개설은행 앞으로 발행하며 환어음에 기재된 금액을 매입은행(수출자가 선적서류를 제출하고 신용장대금을 지급받는 은행)에 지급하라는 내용으로 작성한다.

원래 신용장은 개설은행(수입자의 거래은행)에서 수익자(수출자)에게 신용장대금을 지급하겠다고 약속하는 증서이기 때문에 수출자는 물건을 선적하고 선적서류를 개설은행에 제출하고 대금을 지급받아야 하지만 수출자와 개설은행은 서로 거래관계가 없고 외국에 있기 때문에 개설은행에 서류를 제출하고 대금을 지급받는 것은 현실적으로 어려움이 있다.

이런 문제를 해결하기 위해서 개설은행이 아닌 제3의 은행(주로 수출자의 거래은행)에서 수출자로부터 서류를 매입하고 대금을 지급할 수 있도록 허용하는데 이런 신용장을 매입신용장이라고 한다.

매입신용장에 의거 물건을 선적한 수출자는 매입은행에 선적서류를 제출하고 신용장대금을 수취하는데 이때 선적서류와 함께 개설은행 앞으로 작성한 환어음을 제출함으로써 매입은행이 개설은행으로부터 신용장대금을 수취할 수 있도록 한다.

결론적으로 신용장방식의 거래에서 환어음이 필요한 이유는 개설은행에서 수출자에게 직접 신용장대금을 지급하는 것이 아니라 수출자는 매입은행에서 신용장대금을 지급받고 개설은행에서는 매입은행에 지급해야 하기 때문에 이런 관계를 명확히 하기 위해서 수출자가 개설은행에 신용장대금을 매입은행에 지급해 달라고 요청하기 위해서다.

D

Drawee(지급인)

환어음에 명시된 금액을 지급하도록 지정된 자. 무역거래에서는 결제방식에 따라 지급인이 달라진다. 즉, 신용장방식의 거래에서는 개설은행 또는 개설은행으로부터 대금결제를 위임받은 상환은행(결제은행)이 환어음의 지급인이 된다.

한편 추심방식에서는 은행이 지급을 확약하지 않으므로 수입자가 환어음의 지급인이 된다.

Drawer(발행인)

환어음을 발행하고 서명하는 자로서 채권자를 뜻하며, 일반적인 무역거래에서는 수출자가 발행인이 된다. 환어음의 효력이 발생하기 위해서는 반드시 발행자의 서명이 있어야 한다.

Drayage Charge

LCL 화물을 CY에서 CFS까지 이동하거나 CFS에서 CY까지 이동할 때 부과하는 구간운송비.

Dry Cargo Container

냉동이나 냉장이 필요 없는 일반화물을 적재하는 컨테이너.

Dunnaging(깔기)

한손Sweat, 파손Breakage, 마모손Chafing, 압착손Crushing 또는 선창과의 접촉손Contact 등 물품의 손상을 방지하기 위하여 개개의 물품의 밑에 판자Plank, 목재Pieces of Wood, 각재Heavy Dunnage Sleeper 등의 받침대를 대거나 돗자리, 거적, 멍석 등의 매트를 까는 것Matting.

Duty Free Shop(보세판매장)

외국으로 반출하거나 관세를 면제받을 수 있는 자가 사용할 것을 조건으로 외국물품을 판매할 수 있는 장소.

DOC CLS(Document Closing)

선박회사나 포워더가 요구하는 서류를 제출해야 하는 마감시한.

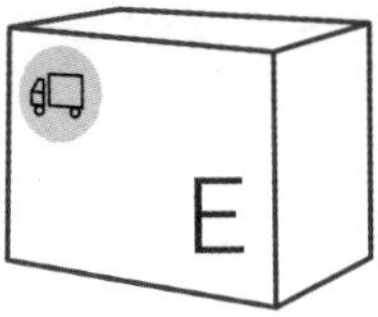

EBS (Emergency Bunker Surcharge)

전쟁이나 분쟁, 산유국의 담합으로 유가가 폭등할 경우 긴급 부과하는 할증료.

ECRS (Emergency Cost Recovery Surcharge)

예기치 못한 비용발생으로 인한 선박회사의 손실을 보전하기 위해서 긴급하게 부과하는 할증료.

E/D (Expiry Date)

신용장의 유효기일로서 신용장에서 요구하는 서류를 제출하는 마감시한.

Education Tax (교육세)

교육재정의 확충에 필요한 재원을 확보하기 위한 조세로서 귀금속이나 승용차 등과 같이 개별소득세 과세대상 품목을 수입할 때 부과한다.

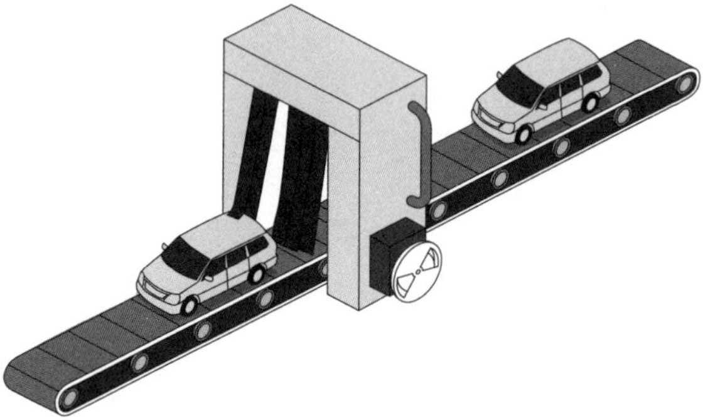

Elastic Tariff(탄력관세)

급격하게 변하는 국내외의 경제상황에 신속하게 대응하기 위하여 적용하는 관세로서 탄력관세율은 행정부에서 결정한다. 탄력관세의 종류는 다음과 같다.

① 덤핑방지관세 – 덤핑수입이 우려될 때 부과하는 관세

② 상계관세 – 교역상대국에서 보조금을 지급받은 물품이 저가로 수입될 우려가 있을 때 부과하는 관세

③ 보복관세 – 교역상대국의 부당한 조치에 대항하기 위하여 부과하는 관세

④ 긴급관세 – 특정물품의 수입이 증가하여 국내산업의 피해가 우려될 때

부과하는 관세

⑤ 특정물품긴급관세 – 특정국으로부터 수입이 급증하거나 가격이 급락할 때 부과하는 관세

⑥ 농림축산물에 대한 특별긴급관세 – 농림축산물의 수입이 급증하거나 가격이 급락할 때 부과하는 관세

⑦ 조정관세 – 수입시장의 급격한 변화로 인한 문제를 시정 또는 방지하기 위하여 부과하는 관세

⑧ 할당관세 – 수입물량을 조절하기 위하여 일정한 쿼터를 정해놓고 해당 쿼터만큼 수입되는 물량에 대해서는 무세 내지 저세율을 적용하고 그 이상 수입되는 물량에 대해서는 고세율을 적용하는 것

⑨ 계절관세 – 계절에 따른 가격변동이 심한 물품의 수입량을 조절하고자 관세율을 인상 또는 인하하는 것

⑩ 편익관세 – 조약 미체결국가로부터 수입되는 물품에 대하여 이미 조약이 체결된 국가에 적용되는 편익의 한도 내에서 편익을 제공하는 것

Emergency Tariff(긴급관세)

특정물품의 수입이 증가하여 국내산업의 피해가 우려될 때 부과하는 관세.

Endorsement(배서)

선하증권이나 보험증권의 권리를 제3자에게 양도하기 위해서 증권의 뒷면에 서명하는 것.

Escrow L/C(기탁신용장)

수출대금을 수출자와 수입자가 합의한 Escrow 계정에 예치한 후 수출자가 수입자에게 Counter L/C를 발급하고 그 결제자금으로만 인출할 수 있도록 하는 신용장으로서 연계무역에서 사용되는 신용장이며 일반적인 무역거래에서는 거의 사용되지 않는다.

ETA(Estimated Time of Arrival)

예상 도착일자.

ETD(Estimated Time of Departure)

예상 출항일자.

Exception Clause(면책위험)

손해에 대한 보험자의 책임이 면제되는 위험으로서 피보험자의 입장에서 보상받을 수 없는 위험을 뜻하며 일반면책위험은 다음과 같다.

① 피보험자의 고의적인 위법행위로 인한 손해

② 화물의 통상적인 누손, 중량 또는 용적상의 손실 및 자연소모

③ 화물의 포장, 준비의 불완전 또는 부적합으로 인한 손해

④ 화물의 고유의 하자 또는 성질로 인하여 발생하는 손해

⑤ 항해지연으로 인해 발생하는 손해

⑥ 불법행위에 의한 고의적인 손상 또는 파괴(행위자 불문)

⑦ 선주, 관리자, 용선자 또는 운항자의 파산이나 채무불이행으로 인해 발생하는 손해

⑧ 원자력 및 방사선 관련 무기 사용으로 인한 손해

불법행위에 의한 고의적인 손상 또는 파괴는 ICC(A) 조건에서는 면책위험에 포함되지 않는다.

Exchange(환)

대금결제를 현금으로 하지 않고 금융기관에 지급을 위탁하는 방식으로 처리하는 수단 또는 그 방식을 뜻하며, Foreign Exchange 외환란 서로 다른 국가 간의 대금결제에 사용하는 환을 뜻한다.

Exchange Commission(환가료)

신용장방식의 거래에서 매입은행이 수출자에게 미리 신용장대

금을 지급하고 개설은행으로부터 동 대금을 수취할 때까지의 기간에 대해서 이자 성격으로 징수하는 수수료.

Exchange Rate(환율)

서로 다른 통화의 교환비율을 뜻하며 우리나라 외국환은행에서 고시하는 대고객매매율은 다음과 같다.

① 현찰매입율 - 고객이 은행에 현찰을 팔 때 적용하는 환율
② 여행자수표 매입율 - 고객이 은행에 여행자수표를 팔 때 적용하는 환율
③ 전신환매입율 - 고객이 외국에서 송금된 돈을 지급받을 때 적용하는 환율
④ 매매기준율 - 현물환거래량을 가중 평균하여 산출하는 시장평균환율로서 정부에서 고시하는 환율
⑤ 전신환매도율 - 고객이 외국에 송금할 때 적용하는 환율
⑥ 여행자수표 매도율 - 고객이 은행에서 여행자수표를 살 때 적용하는 환율
⑦ 현찰매도율 - 고객이 은행에서 현찰을 살 때 적용하는 환율

Expiry Date ☞ E/D

Export Carton Box

수출포장용 카톤박스.

Export Declaration(수출신고)

외국에 수출하는 물건의 명세와 거래조건 등을 세관장에게 서면으로 신고하는 것.

E

Export Packing

수출용 포장.

Export Price List(수출가격표)

수출품의 가격을 모아서 표로 만든 것으로서 상품별로 단가Unit Price와 FOB나 CIF와 같은 거래조건Trade Terms을 표시한다.

EXW(공장인도조건)

Ex Works의 약어로 매도인의 영내에서 물건을 적재할 때부터 발생하는 모든 위험 및 비용을 매수인이 부담하는 조건이다. 보험은 매수인이 들어야 하고, EXW 다음에 물건을 적재할 매도인의 영내를 표시해서 해당 지점에서 물건을 적재할 때부터 발생하는 모든 비용을 매수인이 부담한다.

수출가격은 공장도가격을 그대로 적용하고, 수입원가는 수출가격에다 매도인의 영내에서 물건을 적재할 때부터 발생하는 모든 비용을 더해서 계산한다.

EXW 조건은 매도인이 무역에 대해서 잘 모르거나 안다고 해도 운송, 보험계약을 체결하고 통관을 하는 등의 무역 관련업무에 개입하고 싶지 않을 때 사용하는 조건이며, 인코텀즈에서 규정한 11가지 조건 중에서 매도인의 의무가 가장 적고 매수인의 의무가 가장 큰 조건이다.

EXW LOADED

매도인의 영내에서 물품을 적재할 때까지의 위험과 비용을 매도인이 부담하는 변형조건. 참고로 EXW 조건에서는 매도인의 영내에서 물품을 적재할 때의 위험과 비용을 매수인이 부담해야 한다.

F

Factoring(팩토링)

수출자가 수입자에게 무신용장방식으로 외상수출한 후 수출채권을 팩토링회사에 일괄 양도하고 팩토링회사로부터 수출대금의 전부 또는 일부를 미리 지급받는 방식으로서 다음과 같은 순서로 업무가 진행된다.

① 수출자와 수입자 간의 계약 ② 수출자가 물품을 선적 ③ 수출자가 수출팩터링 계약을 체결한 수출팩터에게 선적서류를 제출하고 수출채권을 수출팩터에게 양도 ④ 수출팩터가 수출자에게 수출대금을 선지급 ⑤ 수출팩터가 수입자와 수입팩터링 계약을 체결한 수입팩터에게 선적서류 송부 ⑥ 수입팩터가 수입자에게 서류 인도 ⑦ 수입자가 물품을 인수하고 약정된 기일에 수입팩터에게 대금결제 ⑧ 수입팩터가 수출팩터에게 대금 송금.

팩토링방식에서는 수출국팩토링회사Export Factor가 고객으로부터 기한부 어음을 매입하여 외국의 금융기관에 매도하는 방법으로 금융이 제공되며, 수입국팩토링회사Import Factor는 수입자에 대한 신용조사, 수출채권의 관리 및 수입자로부터의 대금회수 서비스 등을 제공한다.

수입팩터가 수입자에 대한 신용을 승인하면 수입자의 클레임이 제기되지 않는 한 수출자는 해당 신용승인 한도 내에서 대금지급을 보장받는다. 따라서 수출자는 외상수출로 인한 대금회수 불안에서 벗어날 수 있으며 해당 외상수출채권을 수출팩터에게 양도함으로써 조기에 수출대금을 회수할 수 있다. 다만 물품에 하자가 있거나 수출자가 계약조건을 위반하여 수입자가 대금지급을 거절하는 경우에는 수입팩터가 물품대금의 지급을 거절할 수 있다.

한편 수입자의 입장에서는 외상수입이 가능하고 수입대금을 결제하기 전에 물품의 품질을 확인할 수 있어 안심하고 수입할 수 있다.

국제팩토링방식은 30만 달러 이하의 소액거래면서 외상기간이 1년 이하일 때 주로 사용된다.

FAK(Freight All Kinds)

화물의 종류나 성질과 상관없이 동일하게 적용하는 운임.

FAQ(평균균등품질조건)

Fair Average Quality의 약어로 해당 연도, 해당 지역에서 생산되는 동종 생산물 가운데 대체로 중간 정도의 품질에 해당하는 것을 인도하기로 약정하는 것을 뜻한다. 이 조건은 곡물이나 과일의 매매에 사용되며, 특히 이들 품목의 선물거래에 많이 사용된다.

FAS(선측인도조건)

Free Alongside Ship의 약어로 지정된 선적항에서 선박의 측면에 물품을 갖다 놓을 때까지의 위험과 비용을 매도인이 부담하는 조건이다. 보험은 매수인이 들어야 하고 FAS 다음에 선적항을 표시해서 해당 선적항에서 선박의 측면에 물품을 갖다 놓을 때까지의 비용을 매도인이 부담한다.

수출가격은 공장도가격에 지정된 선적항에서 선박의 측면에 물품을 갖다 놓을 때까지의 비용을 더해서 계산하고, 수입원가는 수출가격에다 선박에 물품을 선적할 때부터 발생하는 모든 비용을 더해서 계산한다.

FCA(운송인인도조건)

Free Carrier의 약어로 수출국 내의 지정된 장소에서 매수인이 지정한 운송인Carrier에게 물품을 인도할 때까지의 위험과 비용을 매도인이 부담하는 조건이다. 보험은 매수인이 들고 지정된 장소에서 운송인에게 물품을 인도할 때까지의 비용을 매도인이 부담한다.

수출가격은 공장도가격에 지정된 장소에서 운송인에게 물품을 인도할 때까지의 비용을 더해서 계산하고, 수입원가는 수출가격에다 운송인에게 물품이 인도된 다음부터 발생하는 모든 비용을 더해서 계산한다.

인코텀즈에서는 컨테이너 운송의 경우 화주별로 컨테이너를 선박에 적재하여 인도하지 않고 컨테이너터미널에 설치된 CY Container Yard에서 인도하므로 FOB 대신에 FCA 조건을 사용하길 권고하고 있다.

FCL(Full Container Load)

단독으로 컨테이너를 채울 수 있는 화물을 뜻하며 화물의 양과 상관없이 컨테이너 한 대당 운임이 부과된다. 한편 단독으로 컨테이너를 채울 수 없어서 다른 화주의 화물과 함께 실어야 하는 소량화물을 LCL Less than Container Load이라고 하며 화물의 부피를 기준으로 CBM당 운임이 부과된다.

FCO(Full Corporate Offer)

매도인이 매수인에게 판매조건을 명시하여 발행하는 오퍼로서 수정할 수 없고 확실한 이행의무가 따른다. 이와 반대로 수정이 가능한 오퍼를 SCO Soft Corporate Offer라고 한다.

FEU

Forty foot Equivalent Units의 약어로 1만 FEU급 컨테이너선이라고 하면 40피트 컨테이너 1만 개를 실을 수 있는 컨테이너선을 뜻한다.

F

FI(Free In)

원유, 철강석, 석탄, 곡물 등 대량으로 거래되는 야적화물 Bulk Cargo의 운송에서 용선계약에 따라 선적비용은 화주가 부담하고 하역비용은 선주가 부담하는 조건.

FIO(Free In & Out)

원유, 철강석, 석탄, 곡물 등 대량으로 거래되는 야적화물 Bulk Cargo의 운송에서 용선계약에 따라 선적 및 하역비용을 화주가 별도로 부담하는 조건.

FO(Free Out)

원유, 철강석, 석탄, 곡물 등 대량으로 거래되는 야적화물Bulk Cargo의 운송에서 용선계약에 따라 선적비용은 선주가 부담하고 하역비용은 화주가 부담하는 조건.

FOA(공항인도가격)

Free On Airport의 약어로 물품이 항공기에 적재될 때까지의 비용과 위험을 매도인이 부담하는 조건이다. 이것은 FOB와 비슷하나 운송수단이 항공기라는 점에 차이가 있다.

FOB(본선인도조건)

Free On Board의 약어로 지정된 선적항에서 매수인이 지정한 선박에 물품이 선적될 때까지의 위험과 비용을 매도인이 부담하는 조건이다. 보험은 매수인이 들고 지정된 선적항에서 물품이 선적될 때까지의 비용을 매도인이 부담한다.

수출가격은 공장도가격에 지정된 선적항에서 물품이 선적될 때까지의 비용을 더해서 계산하고, 수입원가는 수출가격에다 물품이 선박에 적재된 다음부터 발생하는 모든 비용을 더해서 계산한다.

인코텀즈에서는 컨테이너 운송의 경우 화주별로 컨테이너를 선박에 적재하여 인도하지 않고 컨테이너터미널에 설치된 CY

Container Yard에서 인도하므로 FOB 대신에 FCA 조건을 사용하길 권고하고 있다.

FOB ST LSD

물품을 선박에 적재한 후 정돈Stowed and Trimmed해서 선박에 고정Lashing/Securing/Dunnaging할 때까지의 위험과 비용을 매도인이 부담하는 조건으로 주로 철강제품의 무역거래에 사용한다.

F

FOR

Free On Rail의 약어로 지정된 기차역에서 기차에 물품을 적재하여 인도하는 조건.

Forfaiting(포페이팅)

수출자가 무역거래에서 발생하는 장기외상채권을 포페이터Forfaitor에게 할인양도하는 방식으로서 대금결제방식이라기보다는 금융기법의 일종이라고 할 수 있다.

포페이터는 신용장 또는 보증은행에서 발행하는 지급보증서나 보증을 믿고 해당 외상채권을 매입한 후 채권 만기에 원리금을 지급받는다. 여기서 보증Aval이란 장기외상채권과 관련하여 수출자가 발행한 환어음이나 수입자가 발행한 약속어음의 지급을 보증한다는 의미로 어음의 뒷면에 'Aval'이라고 표시하는 것을 뜻한다.

포페이팅 방식의 거래는 ① 수출자와 수입자 간의 계약 ② 수출자가 물품을 선적 ③ 수출자가 포페이팅 계약을 체결한 포페이터에게 수출채권을 양도 ④ 포페이터가 수출자에게 수출대금 지급 ⑤ 포페이터가 만기일에 신용장개설은행 또는 보증은행에 어음 제시 ⑥ 신용장개설은행 또는 보증은행에서 포페이터에게 대금지급 ⑦ 신용장개설은행 또는 보증은행에서 수입자에게 어음 제시 ⑧ 수입자가 신용장개설은행 또는 보증은행에 대금결제와 같은 방식으로 업무가 진행된다 .

포페이팅 방식에서 포페이터는 수출자에게 상환청구권을 행사하지 않는 조건으로 외상채권을 매입한다. 따라서 수출자는 수입자의 도산, 신용장개설은행의 파산, 수입국가의 디폴트Default 등의 사유로 대금회수가 불가능하게 되어도 이미 지급받은 수출대금을 반환할 의무가 없다. 단 수입지 법원의 지급정지가처분Court Injunction에 의한 만기부도의 경우는 예외로 한다.

포페이팅은 100만 달러 이상의 거액이면서 외상기간이 장기(1~10년)인 자본재 거래에 주로 사용된다.

Forwarder(복합운송주선업자)

운송과 관련된 모든 업무를 일괄해서 대행해 주는 업체. 무역업체를 대신해서 컨테이너를 수배하고 선박회사나 항공사와의 예약업무에서부터 운송이 완료되기까지의 모든 업무를 처리해 주고 수수료를 받는다.

FOT

Free On Truck의 약어로 지정된 장소에서 물품을 트럭에 적재하여 인도하는 조건.

F

Foul B/L(사고선하증권)

Remark 난에 화물의 포장상태나 수량 등에 하자가 있음이 기재된 선하증권으로서 Dirty B/L 또는 Unclean B/L이라고도 부른다.

Foul B/L은 은행에서 매입을 거절하므로 수출자는 하자내용을 보완한 후 Clean B/L무사고선하증권을 발급받아야 한다. 선적기일 내에 하자보완이 불가능한 경우에는 선박회사에 Letter of IndemnityL/I: 파손화물보상장를 제출하고 Clean B/L을 교부받을 수 있다.

Letter of Indemnity란 화물 인수 시 발견된 하자로 인해서 발생하는 화물의 손상에 대해서 화주가 책임을 지며 선박회사는 면책된다는 내용을 기재한 서식으로서 이 서식에 의거 파손화물에 대한 최종 보상책임은 수출자가 부담하게 된다.

FPA(Free from Particular Average)

원칙적으로 단독해손을 담보하지 않는 약관. 이 약관에서는 전손, 공동해손, 단독해손 중 선박의 좌초, 침몰, 화재발생, 폭발, 충돌 등과 같은 특정분손에 대해서만 보상을 받을 수 있다.

FRC

인코텀즈에서 규정한 FCA의 예전 명칭. '인코텀즈 1990'에서 FCA로 명칭이 변경되었다.

Free from Particular Average ☞ FPA

Freely Negotiable L/C(자유매입신용장)

아무 은행에서나 자유롭게 매입할 수 있는 L/C로서 Open L/C 또는 General L/C라고도 부른다. 대부분의 신용장은 자유매입신용장으로 개설되며 수출자가 거래하는 은행이 매입은행이 된다.

Free Time

컨테이너를 가져가거나 반납할 때까지 별도의 비용을 부과하지 않고 허용해 주는 기간.

Freight Collect

화물이 도착한 후에 운임을 지급하는 것을 뜻하며 FOB와 같이 가격에 운임이 포함되지 않은 거래조건으로 계약한 경우 B/L상에 'Freight Collect'라고 표시한다.

한편 Freight Prepaid란 화물을 운송하기 전에 운임을 미리 지급하는 것을 뜻하며 CIF와 같이 가격에 운임이 포함된 거래조건으로 계약한 경우 B/L 난에 'Freight Prepaid'라고 표시한다.

F

Freight Prepaid

화물을 운송하기 전에 운임을 미리 지급하는 것을 뜻하며 CIF와 같이 가격에 운임이 포함된 거래조건으로 계약한 경우 B/L 난에 'Freight Prepaid'라고 표시한다.

한편 Freight Collect란 화물이 도착한 후에 운임을 지급하는 것을 뜻하며 FOB와 같이 가격에 운임이 포함되지 않은 거래조건으로 계약한 경우 B/L 난에 'Freight Collect'라고 표시한다.

FTA

Free Trade Agreement의 약어로 체결국 간의 관세를 면제하거나 낮은 요율을 적용함으로써 자유무역을 보장하고 교역을 증진시키기 위한 협정을 뜻한다. 일찍이 WTO World Trade Organization를 중

심으로 전 세계 모든 국가 간의 자유무역을 증진시키기 위한 방안을 추진하였으나 회원국들 간의 이해가 상충하여 최종적인 합의를 이끌어내는 데 실패하였다. 이런 상황을 극복하고 국가 간 자유무역을 증진시키기 위한 대안으로 강구된 것이 바로 FTA이다.

즉, 전 세계를 대상으로 하는 자유무역협정체결이 어려워짐에 따라 개별국가 간 또는 지역 간 자유무역을 보장하기 위해서 FTA를 추진하게 된 것이다. 국가경제에서 무역이 차지하는 무역의존도가 큰 우리나라에서는 일찍부터 세계 각국과의 FTA 체결을 적극적으로 추진하여 미국, EU, 중국, 아세안 등 주요 교역국가와 FTA를 체결한 바 있다.

FTA에 따르는 관세혜택을 받기 위해서는 FTA 원산지증명서가 있어야 한다. 원산지증명서Certificate of Origin는 말 그대로 물건의 원산지를 확인해 주는 서류로서 FTA가 체결된 국가로 수출할 때는 우리나라에서 발급한 FTA 원산지증명서가 있어야 하고, 수입할 때는 상대국에서 발행한 FTA 원산지증명서가 있어야 한다. 문제는 나라마다 요구하는 FTA 원산지증명서의 양식이나 발급처가 다르다는 것인데 국가별로 필요한 양식은 관세청에서 운영하는 FTA 포털사이트에서 확인할 수 있다.

Full Corporate Offer ☞ FCO

Full Set of B/L(선하증권 원본 전통)

선하증권B/L은 이와 상환하여 화물을 인도하기로 약속하는 유가증권이므로 분실 시 화물을 인도받을 수 없다. 따라서 분실가능성에 대비하기 위하여 선하증권은 세 통의 원본을 발행하며 그중 한 통을 제시하면 나머지 두 통은 무효가 된다. 신용장에서 Full Set of Bill of Lading을 요구하는 것은 발행된 선하증권 원본 모두를 제출하라는 뜻이다.

F

G

Gantry Crane

컨테이너선에서 컨테이너를 적재하거나 하역하는 데 사용하는 크레인.

GATT(General Agreement on Tariffs and Trade)

관세 및 무역에 관한 일반협정으로서 1947년 제네바에서 23개국이 관세 철폐와 무역 증대를 위하여 체결하고 1948년 1월에 정식으로 발효된 협정이다. 1995년 WTO세계무역기구로 대체되기 전까지 전 세계에서 120여 개국이 가입하였으며, 우리나라는 1967년 4월 1일부터 정회원국이 되었다.

GATT에는 국제무역의 확대를 도모하기 위해서 ① 회원국 상호간의 다각적 교섭으로 관세율을 인하하고 회원국끼리는 최혜국대우를 베풀어 관세의 차별대우를 제거하며 ② 기존 특혜관세제도(영연방 특혜)는 인정하고 ③ 수출입 제한은 원칙적으로 폐지하며 ④ 수출입 절차와 대금 지불의 차별대우를 하지 않고 ⑤ 수출을 늘리기 위한 여하한 보조금의 지급도 금지한다는 등의 내용이 담겨 있다.

General Average(공동해손)

공동의 안전을 위협하는 위험을 피하기 위해서 이해당사자가 공동으로 부담하는 손해.

General L/C(자유매입신용장)

Open L/C 또는 Freely Negotiable L/C로도 부르며 아무 은행에서나 자유롭게 매입할 수 있는 L/C를 뜻한다. 대부분의 신용장은 자유매입신용장으로 개설되며 수출자가 거래하는 은행이 매입은행이 된다.

General Terms and Conditions

거래규모가 크거나 장기계약인 경우 구체적인 계약조항을 망라하여 작성하는 서식. Sales Agreement, Sales Contract 등의 타이틀로도 발행한다.

G

GMQ(판매적격품질조건)

Good Merchantable Quality의 약어로 판매적격품질조건이라고 하며 인도 당시의 품질이 판매하기에 적합한 것을 인도하기로 약정하는 것을 뜻한다. 이 조건은 목재류나 냉동어류, 광산물과 같이 잠재적인 하자가 있을 가능성이 많은 물품의 거래에 주로 사용되며 품질의 등급과 상관없이 인도 당시에 상품성이 보장되는지 여부만 가리는 조건이다.

Governing Law(준거법)

계약을 해석하는 근거가 되는 법.

Gross Weight(총중량)

물건의 순중량에 포장용기의 중량을 합한 중량.

GSP(Generalized Systems of Preferences)

원산지가 특정 개발도상국인 특정물품에 대하여 기본세율보다 낮은 세율을 적용하는 관세로서 일반특혜관세(최빈개발도상국에 대한 특별관세)라고 부른다.

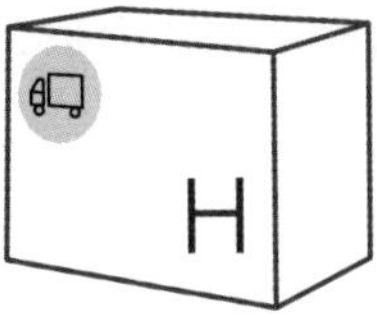

House B/L

Forwarder B/L이라고도 부르며 Master B/L을 근거로 포워더가 화주에게 발행하는 B/L.

HS(Harmonized System)

관세협력이사회CCC: Customs Cooperation Council에서 제정한 국제적인 통일상품분류체계이다. HS는 관세부과 및 무역통계 작성의 기준이 된다.

HS Code

관세협력이사회CCC: Customs Cooperation Council에서 제정한 국제적인 통일상품분류체계인 HSHarmonized Systems에 의해 부여되는 상품분류코드로서 HS 번호 또는 HS Number로 호칭하기도 한다.

HS Code는 6자리까지는 국제적으로 동일하고 7자리부터는 각

나라에서 10자리까지 세분하여 사용할 수 있다. 우리나라에서는 10자리로 세분하여 사용하며 이를 HSK HS of Korea라고 한다.

HSK(Harmonized System of Korea)

관세협력이사회 CCC: Customs Cooperation Council에서 제정한 국제적 통일상품분류체계인 HS Harmonized Systems에 의하여 부여되는 상품분류코드 HS Code는 6자리까지는 국제적으로 동일하고 7자리부터는 각 나라에서 10자리까지 세분하여 사용할 수 있으며 우리나라에서는 10자리로 세분하여 사용하며 이를 HSK HS of Korea라고 한다.

HSK는 관세부과 및 무역통계 작성의 기준이 될 뿐 아니라, 수출입품목관리를 위한 수출입공고나 통합공고 등이 모두 HSK에 근거하여 고시되므로 취급품목이 정해지면 우선 해당 품목의 정확한 HSK 코드를 확인해 두어야 한다.

HSK는 2단위(류), 4단위(호), 6단위(소호), 10단위 순으로 단계적으로 분류하여야 하며 개별 상품의 정확한 HSK 코드를 확인하기 위해서는 해당 물품의 재질, 구조 및 작동원리, 기능 및 용도를 정확하게 이해하여야 한다.

HSK 코드는 관세청 및 한국무역협회 사이트에서 확인할 수 있으며, 자체적으로 취급품목의 정확한 HSK 코드를 확인하기가 어려울 경우에는 관세사에게 문의하거나 관세청에 품목분류사전심사를 신청할 수 있다.

Hull Insurance(선박보험)

선박이 건조·항해·수리·정박 중에 발생하는 멸실이나 파손으로 인해 발생하는 선박의 손해 및 배상책임으로 인한 손해를 보상해 주는 보험.

H

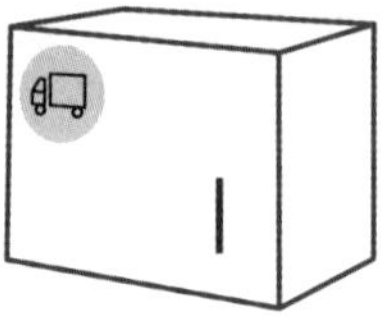

ICC(A)

런던보험자협회ILU: Institution of London Underwriters가 제정한 특별 약관으로서 포괄책임주의를 따르며 담보 범위가 가장 크다. 불법행위, 고유의 성질, 전쟁 등과 같은 열거된 면책 상황을 제외하고는 모든 손상에 대한 보상을 하는 조건이다.

ICC(B)

런던보험자협회ILU: Institution of London Underwriters가 제정한 특별 약관으로서 책임지는 내용을 명시하는 열거책임주의지만 면책이 가능한 상황도 언급하고 있다. 화재, 폭발, 좌초, 지진, 부화, 낙뢰, 해수, 호수, 강물의 침입 등 열거된 주요위험에 의해 생긴 손해를 보상하며 면책조항에는 불법행위, 포장 품질, 고의적 파손, 핵무기, 전쟁 등으로 인한 손상 등이 있다.

ICC(C)

런던보험자협회ILU: Institution of London Underwriters가 제정한 특별 약관으로서 열거된 손해만을 보상하는 조건으로 신약관의 세 가지 조건 중 가장 담보 범위가 작다. ICC(A)와 ICC(B)와 달리 지진, 낙뢰 같은 자연재해로 인한 손상과, 갑판상 유실, 해수·호수·하천수의 운송용구·컨테이너·지게차 보관 장소에 유입, 적재·양륙하역 중 낙하 또는 추락에 의한 포장단위당의 전손까지 면책사항에 해당된다.

- ICC(A), ICC(B), ICC(C)에서 모두 담보하는 위험

① 화재 또는 폭발

② 선박, 부선 좌초, 교사, 침몰, 전복

③ 본선, 부선, 운송용구가 타 물체와 충돌, 접촉

④ 공동해손 희생, 투하

⑤ 공동해손 및 구조비

⑥ 쌍방과실 충돌조항에 따라 피보험자가 분담하는 가액 중 보험증권으로 보상받는 손해

- ICC(A), ICC(B), ICC(C)에서 모두 면책되는 위험

① 피보험자의 고의적 불법행위

② 포장, 운송용구의 불완전·부적절

③ 항해지연

④ 선주, 관리자, 용선자, 운항자의 지급불능, 채무불이행

I

⑤ 전쟁 위험
⑥ 동맹파업 위험

ICD(내륙컨테이너기지)

Inland Container Depot 또는 Inland Clearance Depot의 약어로 내륙컨테이너기지 또는 내륙컨테이너화물통관기지라고 부른다. 내륙에 위치한 컨테이너기지이며 항구나 공항과 마찬가지로 컨테이너 화물처리를 위한 시설을 갖추고 수출입화물의 통관, 화물집하, 보관, 분류, 간이보세운송, 관세환급 등 종합물류터미널로서의 기능을 다하는 지역을 뜻한다. ICD를 이용할 경우 유통기일 축소와 물류비 절감효과는 물론 신속한 통관 및 B/L 발급을 통해서 수출대금의 조기회수가 가능하다. 우리나라에는 경기도 의왕시에 '의왕 ICD'와 경남 양산에 '양산 ICD'가 운영되고 있다.

ICPO(Irrevocable Corporate Purchase Order: 취소불능구매발주서)

한 번 발급하면 취소가 불가능한 구매발주서.

Import Declaration(수입신고)

외국으로부터 수입하는 물건의 명세와 거래조건 등을 세관장에게 서면으로 신고하는 것.

INCOTERMS(인코텀즈)

International Commercial Terms의 약어로 국제상업회의소ICC: International Chamber of Commerce에서 제정한 정형거래조건에 관한 국제규칙ICC Rule for the Use of Domestic and International Trade Terms이다.

무역거래에서 발생하는 위험의 이전시점과 비용의 분담지점을 규정함으로써 보험을 누가 들고 수출입원가계산을 어떻게 할지에 대한 기준을 제시한다. 인코텀즈 2020에서 규정한 11가지 조건의 위험의 이전시점과 비용의 분담 지점은 다음과 같다.

조건명	위험의 이전	비용의 분담
EXW	공장이나 창고와 같은 지정된 장소에서 물품을 인도하였을 때	공장이나 창고와 같은 지정된 장소에서 물품을 인도하였을 때
FOB	지정된 선적항에서 수입자가 지정한 선박에 물품을 적재하였을 때	지정된 선적항에서 수입자가 지정한 선박에 물품을 적재하였을 때
FAS	지정된 선적항에서 수입자가 지정한 선박의 선측에서 물품을 인도하였을 때	지정된 선적항에서 수입자가 지정한 선박의 선측에서 물품을 인도하였을 때
FCA	수입자가 지정한 운송인에게 물품을 인도하였을 때	수입자가 지정한 운송인에게 물품을 인도하였을 때
CFR	선적항에서 물품이 적재되었을 때	지정된 목적항에 물품이 도착하였을 때(적하보험료 제외)
CIF	선적항에서 물품이 적재되었을 때	지정된 목적항에 물품이 도착하였을 때(적하보험료 포함)
CPT	수출자가 선택한 운송인에게 물품을 인도하였을 때	지정된 목적지에 물품이 도착하였을 때(적하보험료 제외)

조건명	위험의 이전	비용의 분담
CIP	수출자가 선택한 운송인에게 물품을 인도하였을 때	지정된 목적지에 물품이 도착하였을 때(적하보험료 포함)
DAP	지정된 목적지에서 물품을 인도하였을 때	지정된 목적지에서 물품을 인도하였을 때(수입통관비용 제외)
DPU	지정된 목적지에서 물품을 내려서 인도하였을 때	지정된 목적지에서 물품을 내려서 인도하였을 때(수입통관비용 제외)
DDP	지정된 목적지에서 물품을 인도하였을 때	지정된 목적지에서 물품을 인도하였을 때(수입통관비용 포함)

인코텀즈에서 규정한 위험의 이전시점에 따라서 EXW, FOB, FAS, FCA, CFR, CPT 조건에서는 수입자가 보험에 가입하고 DAP, DPU, DDP 조건에서는 수출자가 보험에 가입해야 한다. 다만 CIF와 CIP 조건은 위험의 이전시점에 따르면 수입자가 보험에 가입해야 하지만 예외적으로 수출자가 수입자 대신 보험에 가입하도록 규정해 놓았다.

결론적으로 조건명에 'I'자나 'D'자가 들어간 CIF, CIP, DAP, DPU, DDP 조건에서는 수출자가 보험에 가입하고 나머지 조건에서는 수입자가 보험에 가입한다고 정리할 수 있다.

수출가격은 공장도가격에 비용의 분담지점까지의 비용을 더해서 계산하면 되고, 수입원가는 수출가격에 비용의 분담지점부터 발생하는 모든 비용을 더해서 계산하면 된다.

Individual Consumption Tax(개별소비세)

귀금속이나 승용차 등을 구입할 때 부과하는 세금으로서 해당 상품을 수입할 때 관세와 별도로 개별소득세를 납부해야 한다.

Individual Packing(개별포장)

개별 물품에 대한 포장.

Injunction(지급정지명령)

신용장개설은행에 대금지급을 금지하는 법원의 결정. 원래 신용장거래에서는 신용장조건과 일치하는 서류가 제출되면 무조건 대금지급이 이루어져야 하지만, 일부 국가에서 서류위조 등의 신용장 사기의혹을 빌미로 법원에서 지급정지명령을 내리는 경우가 있다.

Inland Clearance Depot ☞ ICD

Inland Container Depot ☞ ICD

Inner Packing

개별 물품을 일정량씩 포장하는 중간포장.

I

Inspection Certificate(검사증명서)

수출품 선적 전에 수출품의 품질이나 수량을 검사하고 이상이 없음을 확인해 주는 증명서.

Insurance Policy(보험증권)

보험계약을 체결한 증빙으로 보험자가 보험계약자에게 발급하는 증서.

Insurance Premium(보험료)

보험에 가입하기 위해서 보험계약자가 보험자에게 지불하는 대금.

Insured(피보험자)

피보험이익의 수혜자로서 사고발생 시 보험금을 청구하여 지급받을 권리를 갖는 자를 뜻하며 Assured라고도 부른다.

Insured Amount(보험금액)

보험계약금액으로서 사고발생 시 보험자가 부담하는 손해배상책임의 최고한도액이며 통상 CIF 금액에 10%의 희망이익을 추가한 금액이다.

Insurer(보험자)

보험계약의 당사자로서 통상 보험회사를 뜻하며 Assurer라고도 부른다.

Intermediation(알선)

당사자의 일방 또는 쌍방의 의뢰에 따라 상공회의소, 상사중재원 등과 같은 기관에서 타협안을 제시함으로써 클레임을 해결하는 방법. 알선에 의해서 클레임을 해결하면 당사자 간의 비밀이 보장되고 거래 관계를 지속시킬 수 있다는 장점이 있으나 당사자 쌍방이 알선자가 제시한 타협안을 받아들이지 않으면 클레임을 해결할 수 없다는 문제가 있다.

International Cooperation Tariff(국제협력관세)

특정국가와의 관세협상에 따른 관세.

International Factoring ☞ Factoring

International Trade(무역)

서로 다른 나라에서 사업을 운영하는 개인이나 기업 간에 물품 또는 서비스를 사고파는 것. 외국 사람이나 기업과의 거래라도 같은 나라 안에서 이루어지는 거래는 무역거래라고 할 수 없으며, 반대로 같은 나라 사람이나 기업과의 거래라도 서로 다른 나라에서 이루어지는 거래는 무역거래에 포함된다.

국내거래Domestic Trade와 비교했을 때 무역거래International Trade의 가장 큰 특징은 물품이 국경을 넘어서 이동한다는 것이며, 물품이 국경을 넘어서 이동하기 위해서는 반드시 통관 절차를 거쳐야 한다. 통관 절차의 유무야말로 국내거래와 무역거래를 구분할 수 있는 가장 큰 차이라고 할 수 있다.

또한 육상운송이 주가 되는 국내거래와는 달리 무역거래에서는 주로 해상운송이나 항공운송을 통해서 물품이 운송되며, 장거리운송에 따르는 사고에 대비하기 위해서 적하보험에 가입해야 한다.

무역의 대상은 유형의 상품뿐만 아니라 형체가 없는 소프트웨어, 문화콘텐츠(영화, 게임, 애니메이션, 만화, 캐릭터 등) 및 서비스, 자본, 노동, 기술 등을 포함한다.

Inward Exchange(타발환)

송금 또는 추심을 의뢰받은 당발은행의 상대은행인 타발은행의 입장에서 보는 송금환.

Irrevocable Corporate Purchase Order ☞ ICPO

Irrevocable L/C(취소불능신용장)

신용장 관련당사자 전원의 합의 없이는 취소하거나 조건변경이 불가능한 신용장. 무역거래에 사용되는 신용장은 모두 취소불능 신용장이며, 신용장에 취소불능이라는 표시가 없어도 취소불능으로 간주한다.

ISBP

International Standard Banking Practice for the Examination of Documents under Documentary Letter of Credit의 약어로 ICC에서 제정하였으며 신용장통일규칙의 해설서라고 할 수 있다.

신용장에서 요구하는 서류를 작성하는 수출자에게 서류작성에 따르는 지침을 제시함과 동시에 서류를 심사하는 은행에 서류의 적격 여부를 판단하는 기준을 제공하는 지침서라고 할 수 있다.

신용장통일규칙에도 불구하고 서류의 적격 여부를 놓고 당사자 간에 해석이 다를 수 있고, 서류상의 사소한 하자를 빌미로 대금 지급이 거부당하는 등의 문제가 발생할 수 있는 바 이런 문제를 해결하기 위해서 제정된 것이 ISBP이며 신용장거래에 따르는 분쟁 발생 시 서류적격 여부를 판단하는 기준으로 사용되고 있다.

Issuing Bank(개설은행)

수입자의 요청에 따라 신용장을 개설해 주는 은행으로서 보통 수입자의 거래은행이 된다.

KOMPASS

전 세계 제조업체 및 무역업체를 국가별, 품목별로 편집한 무역 디렉토리. 디렉토리 제작업체에서 정보를 취합해서 제작함으로써 유명업체에 관한 정보를 입수하는 데 유용하다.

KOPS

KOTRA Online Payment Service의 약자이며 KOTRA가 제공하는 서비스로서 수입자의 신용카드로 인터넷상에서 소액수출대금을 지급받는 방식.

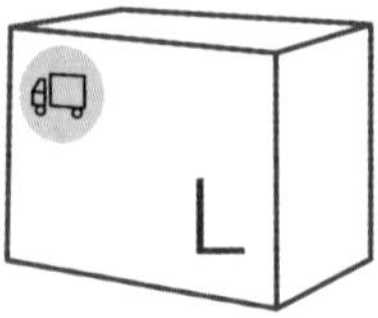

Land Bridge(랜드브리지)

무역거래에서 물품을 해상으로 운송한 후 대륙을 횡단하는 철도나 도로를 다리처럼 이용해서 운송함으로써 시간 및 경비를 절약하는 운송방식을 뜻하며 시베리안 랜드브리지SLB: Siberian Land Bridge, 아메리칸 랜드브리지ALB: American Land Bridge, 미니 랜드브리지MLB: Mini Land Bridge, 마이크로 랜드브리지Micro Land Bridge 등이 있다.

시베리안 랜드브리지는 동아시아와 유럽 사이를 잇는 복합운송경로로서 동아시아에서 러시아의 나홋카 보스토치니까지 선박으로 운송한 다음, 시베리아철도로 유럽 또는 서아시아의 목적지로 운송하는 방식이다.

아메리칸 랜드브리지는 동아시아에서 미국 서해안까지 해상운송한 후 대륙횡단철도를 이용하여 미국 동부로 운송하고 이를 다시 해상을 통해 유럽의 목적지까지 운송하는 방식이다.

미니 랜드브리지는 동아시아에서 태평양 연안까지 해상운송한 후 미국 대서양 연안 및 멕시코만의 항구까지 철도로 운송하는 방식이다.

마이크로 랜드브리지는 동아시아에서 태평양 연안까지 해상운송한 후 전 미국의 철도 및 도로망을 이용하여 내륙지역의 목적지까지 운송하는 방식이다.

Lashing

풍랑에 의한 물품의 이동과 요동을 방지하기 위해서 선내의 물품을 선체나 기타의 물품에 묶고 고정하는 것.

Latest Shipment Date

최종선적일.

Lay/Can

Laydays/Cancelling의 약어로 Laydays는 선적을 위해 선박을 항구에 도착시켜야 하는 예정 일자를 뜻하며, Cancelling은 해당 일자가 경과된 후에 선박이 도착하면 용선계약을 취소할 수 있는 날짜를 뜻한다. 예를 들어 Lay/Can이 20th Mar/30th Mar이면 화주는 선박이 3월 20일에 도착할 것으로 예상하고 물품을 준비하면 되고, 3월 30일까지 선박이 도착하지 않으면 용선계약을 취소할 수 있다.

Lay Days(정박기간)

물품을 적재하거나 하역하기 위해서 허용된 선박의 정박기간을 뜻하며 Lay Time이라고도 부른다. 정박기간을 초과해서 작업이 필요한 경우에는 체선료Demurrage가 부과된다.

Lay Time ☞ Lay Days

L/C(신용장)

Letter of Credit의 약어로 선적서류와 상환하여 물품대금을 지급하겠다고 은행에서 확약하는 증서이다. 수출자는 은행에서 발행한 L/C를 믿고 물품을 실은 다음, 운송서류를 비롯한 L/C에서 요구하는 서류를 은행에 제출하고 물품대금을 지급받는다. 한편 수입자는 은행에 물품대금을 지급하고 서류를 전달받아서 물건을 인수한다.

L/C 개설은행은 수입자와 상관없이 대금 지급을 약속한다. 수입자가 부도가 나더라도 개설은행에서 책임지고 대금을 지급하겠다고 약속하는 것이 L/C이다. 그래야만 수출자가 안심하고 물건을 선적할 수 있다.

L/C방식의 거래에서 L/C 개설을 의뢰하는 수입자를 개설의뢰인Applicant, 수입자의 요청에 따라 L/C를 개설해 주는 은행을 개설은

행Issuing Bank, 개설은행에서 발행된 L/C를 수출자에게 전달해 주는 은행을 통지은행Advising Bank, L/C에 의거 물건을 선적하고 물품대금을 지급받는 수출자를 수익자Beneficiary, 수출자로부터 선적서류를 매입해서 개설은행에 보내주는 은행을 매입은행Negotiation Bank이라고 한다.

또한 L/C에는 금액Amount, 물품의 명세Description, 최종선적기일Latest Date of Shipment, 유효기일Expiry Date, 제출해야 할 서류Documents Required 등이 명시되며 L/C에 명시된 물품을 최종선적기일 내에 선적하고 L/C에서 요구하는 서류를 유효기일 내에 제출하면 은행에서 책임지고 L/C 금액을 지급한다고 이해하면 된다.

은행에 제출하는 서류에는 상업송장Commercial Invoice, 포장명세서Packing List, 선하증권Bill of Lading, 항공화물운송장Air Waybill, 보험증권Insurance Policy, 원산지증명서Certificate of Origin 등이 있다.

L/C방식의 거래에서 은행은 수출자가 물건을 싣는 것을 직접 확인하고 대금을 지급하는 것이 아니라 서류만 확인하고 대금을 지급하기 때문에 수입자의 입장에서 서류에 명시된 것과 다른 물건을 받거나, 수출자의 입장에서 물건은 제대로 실었더라도 서류상 하자로 인해서 대금 지급을 거부당할 수 있으므로 조심해야 한다.

L/C방식의 거래는 ① 수입자가 개설은행에 L/C 개설 요청 ② 개설은행에서 L/C를 개설해서 통지은행으로 송부 ③ 통지은행에서

수출자에게 L/C 전달 ④ 수출자가 물건을 선적한 후 매입은행에 선적서류를 제출하고 대금 수령 ⑤ 매입은행에서 선적서류를 개설은행으로 발송하고 대금 수령 ⑥ 개설은행에서 수입자로부터 대금을 받고 선적서류를 인도 ⑦ 수입자가 운송회사에 운송서류를 제시하고 물품을 인수하는 방식으로 업무가 진행된다.

L/C방식의 거래는 ⑤번까지만 진행되고 끝날 수 있다. 즉, 선적서류가 도착했는데도 수입자가 대금을 지급하지 않는 경우다. 이런 경우 L/C를 개설한 은행에서는 수출자에게 책임을 전가할 수 없기 때문에 자체적으로 물건을 처분할 수밖에 없다. 이때 은행의 입장에서는 물건을 제값을 받고 처분하기가 힘들거나 아예 처분이 불가능한 경우도 있으므로 애초에 L/C를 개설할 때 수입자의 신용도가 낮은 경우에는 수입자로부터 담보를 확보해 두었다가 수입자가 대금지급을 거절하면 담보를 처분해서 손해를 보전한다.

L/C방식은 다른 결제방식에 비해 수수료 부담이 크고 처리 과정이 복잡하다는 단점이 있으나 은행의 책임 아래 대금지급이 이루어짐으로써 처음 거래를 시작하거나 거래금액이 큰 경우, 수입자의 신용이 불확실한 경우에 주로 사용한다.

• **L/C 관련 영문 표현**

L/C의 개설을 의뢰하다 Apply for an L/C

L/C를 개설하다 Issue(Open, Establish) an L/C

L/C를 통지하다 Advise an L/C

L/C를 받다 Receive an L/C

L/C의 유효기일을 연장하다 Extend an L/C

L/C를 수정하다 Amend an L/C

L/C Accepting Bank(신용장 인수은행)

수익자가 발행한 환어음이 기한부어음일 경우 해당 어음의 만기일에 어음을 인수하고 대금을 지급하겠다고 약속하는 은행.

L/C Advising Bank(신용장 통지은행)

개설은행으로부터 신용장을 접수하여 수출자에게 통지해 주는 은행.

L/C Advising Commission(신용장 통지수수료)

통지은행에서 수출자에게 신용장을 통지할 때 징수하는 수수료.

L/C Applicant(신용장 개설의뢰인)

개설은행에 신용장을 개설해 달라고 의뢰하는 수입자.

L/C Beneficiary(신용장 수익자)

신용장에 명시된 물건을 선적하고 은행으로부터 대금을 지급받는 수출자.

L/C Confirmation Charge(신용장 확인수수료)

확인은행에서 별도의 지급확약을 해주는 대가로 징수하는 수수료.

L/C Confirming Bank(신용장 확인은행)

개설은행의 신용을 믿을 수 없을 때 개설은행과 별도로 신용장 대금의 지급을 확약해 주는 은행.

L/C Discrepancy Fee(신용장 하자수수료)

선적서류에 하자가 있음에도 환어음을 결제하는 경우 결제 금액에서 차감하는 방식으로 징수하는 수수료.

L/C Issuing Bank(신용장개설은행)

수입자의 요청에 따라 신용장을 개설해 주는 은행으로서 보통 수입자의 거래은행이 된다.

LCL(Less than Container Load: 소량화물)

단독으로 컨테이너를 채울 수 없어서 다른 화주의 화물과 함께 실어야 하는 소량화물을 뜻하며, 화물의 부피를 기준으로 CBM당 운임이 부과된다. 한편 단독으로 컨테이너를 채울 수 있는 화물을 FCL^Full Container Load^이라고 하며 화물의 양과 상관없이 컨테이너 한 대당 운임이 부과된다.

L/C Negotiation Bank(신용장 매입은행)

수출자로부터 신용장에 명기된 선적서류를 매입하고 수출대금을 지급하는 은행.

L

L/C Opening Bank(신용장개설은행)

수입자의 요청에 따라 신용장을 개설해 주는 은행으로서 보통 수입자의 거래은행이 된다.

L/C Opening Charge(신용장개설수수료)

신용장 개설은행에서 수입자를 대신하여 대금지급을 확약하는 데 따르는 보증료 성격으로 징수하는 수수료.

L/C Paying Bank(신용장 지급은행)

개설은행으로부터 수익자에게 신용장대금을 지급해 주도록 위탁받은 은행으로서 개설은행의 본지점이나 예치환거래은행이 된다.

L/C Reimbursement Bank(신용장 상환은행)

신용장개설은행의 예치환거래은행으로서 개설은행의 지시에 따라 매입은행에 신용장대금을 지급해 주는 은행. 매입은행이 개설은행과 거래 관계가 없을 경우 제3의 은행을 통해서 수출대금의 상환이 이루어지도록 하는데 이러한 역할을 하는 은행을 상환은행이라고 하며 결제은행Settling Bank이라고도 한다.

Less Charge

환어음의 매입 시 매입은행에서 예상치 못했던 수수료가 해외은행으로부터 징수된 경우 수출자로부터 추징하는 수수료.

Less than Container Load ☞ LCL

Letter of Credit ☞ L/C

Letter of Guarantee ☞ L/G

L/G(Letter of Guarantee: 수입화물선취보증서)

수입자와 신용장개설은행이 연대하여 선박회사에 선하증권 원본이 도착되는 대로 이를 제출할 것과 선하증권 원본 없이 물품을 인도받는 데 따른 모든 문제에 대해서 선박회사에 책임을 지우지 않겠다고 보증하는 서류.

일본, 대만, 중국 등과 같은 인접국가의 거래처와 신용장방식으로 거래하면 화물보다 B/L 원본이 늦게 도착할 가능성이 높다. 따라서 수입자의 입장에서는 이미 화물이 도착했는데도 불구하고 B/L 원본이 도착하지 않아서 화물을 인수할 수 없는 문제에 봉착하게 된다.

이런 문제를 해결하기 위해서 사용하는 것이 수입화물선취보증서이며 수입자는 선박회사에 수입화물선취보증서를 제출하고 화물을 인수한다.

L

L/I(Letter of Indemnity: 파손화물보상장)

화물 인수 시 발견된 하자로 인해서 발생하는 화물의 손상에 대해서 화주가 책임을 지며 선박회사는 면책된다는 내용을 기재한 서식으로서 이 서식에 의거 파손화물에 대한 최종 보상책임은 수출자가 부담하게 된다.

운송인이 화물을 인수받았을 때 포장상태나 수량 등에 하자가 있을 경우 추후 책임을 지지 않기 위해서 Remark 난에 하자내용을 기재한 사고선하증권Foul B/L을 발행한다.

사고선하증권은 은행에서 매입을 거절하므로 수출자는 하자내용을 보완한 후 무사고선하증권을 발급받아야 하는데 선적기일 내 하자보완이 불가능한 경우에 무사고선하증권을 교부받기 위해서 제출하는 서류가 L/I이다.

Lighter(바지선)

대형선박을 접안할 수 없는 상황에서 본선에 화물을 싣거나 본선에서 화물을 내릴 때 사용하는 바지선.

Lighterage(부선료)

화물을 본선에 싣거나 본선에서 내릴 때 바지선Lighter을 사용하고 내는 요금.

Liner(정기선)

고정된 항로 및 운항스케줄에 따라 특정 항만을 규칙적으로 왕복 운항하는 선박을 뜻하며, 사전에 고시된 운임률 표에 따라 운임을 부과한다.

Liner Term

일반상품의 운송에 사용되는 정기선의 운임에 선적 및 하역비용을 포함시켜서 선주가 부담하는 조건을 뜻하며 Berth Term이라고도 한다.

Liquidated Damages(확정손해배상액)

계약불이행 시 지급해야 할 손해배상액을 미리 확정해 놓은 것.

Litigation(소송)

사법기관의 판결에 의하여 무역클레임을 강제적으로 해결하는 방법.

Live Stock Container

살아 있는 동물을 수송하는 데 사용하는 컨테이너.

Loading

① 화물을 선박에 적재하는 것.

② 화물을 컨테이너에 싣는 것으로서 Vanning 또는 Stuffing이라고도 부른다.

Local L/C(내국신용장)

수출물품을 제조하는 데 필요한 원자재나 완제품을 수출자에게 공급하는 국내공급자 앞으로 발행하는 은행의 지급확약서.

국내공급자는 내국신용장에 명시된 물품을 수출자에게 인도한 후 수출자로부터 물품수령증명서(인수증)를 받아서 은행에 제출하고 물품대금을 지급받는다.

내국신용장은 수출신용장 금액 또는 외국환은행에서 정하는 원자재자금 및 완제품수매자금의 융자한도 범위 내에서 개설할 수 있으며 사전에 개설은행으로부터 내국신용장 개설한도를 부여받아야 한다.

한 건의 수출계약에 대해서 수평적으로 복수의 내국신용장을 개설할 수 있으며, 수직적으로는 공급대상물품이 원자재인 경우 2차까지, 완제품인 경우 3차까지 개설할 수 있다.

내국신용장의 금액은 물품금액 전액으로 하며 통상 원화금액을 개설일 현재의 대고객 전신환매입율로 환산한 외화금액을 부기한다.

물품인도기일은 대응수출 또는 물품공급이 원활히 이행되는 데 지장이 없는 범위 내에서 책정되어야 하며 유효기일은 물품인도기일에 최장 10일을 가산한 기일 이내로 하여야 한다. 또한 어음 매입 또는 추심을 위한 서류제시기간은 물품수령증명서 발급일로부터 5 영업일 이내이어야 한다.

내국신용장은 전자무역 포털인 유트레이드허브(www.utradehub.or.kr)에서 발급받을 수 있다.

LOI(Letter of Intent)

본 계약을 체결하기 전에 계약을 체결할 의향이 있음을 제안하는 서류로서 물품매매거래에서는 구매의향서라고 부른다.

LSD

Lashing, Securing, Dunnaging의 약어로 물품이 해상운송 도중 분실되거나 파손되지 않도록 고정하는 것을 뜻한다.

LSS(Low Sulfur Surcharge: 저유황할증료)

유황배출을 줄이기 위해서 저유황을 사용함으로써 발생하는 추가비용을 보전하기 위한 할증료.

L

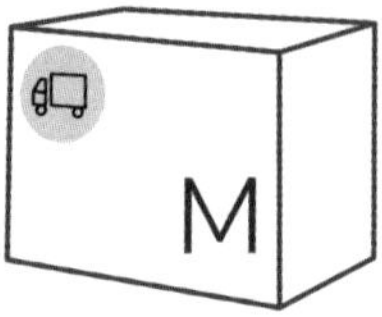

Made out to the order of

Consignee 난에 'to the order of'라는 문구를 넣어서 작성하라는 뜻으로 여기서 Consignee수하인란 B/L상에 화물의 인수자로 지정되는 자를 뜻한다.

Consignee는 결제방식에 따라 달라지는데 송금방식의 경우에는 Consignee 난에 수입자의 상호와 주소를 기재하고, 신용장방식의 경우에는 신용장에 표시된 문구에 따라 'to order' 또는 'to the order of 개설은행명'이라고 기재한다.

이와 같이 수하인을 지정하지 않고 지시식으로 표기한 선하증권을 지시식선하증권Order B/L이라고 하고 수하인을 지정해 놓은 선하증권을 기명식선하증권Straight B/L이라고 한다.

신용장방식의 거래에서 지시식선하증권을 사용하는 이유는 수입자가 신용장대금을 결제하지 않을 경우 개설은행에서 자체적으로 화물을 처분할 수 있도록 하기 위함이다. 즉, 처음부터

M

Consignee를 수입자로 지정해 놓으면 수입자가 신용장대금을 결제하지 않을 때 은행에서 화물을 처리하는 데 문제가 있으므로 은행의 지시에 따르도록 하는 것이다.

Main Order(본오더)

시험오더해서 시장에 판매해 본 결과 시장성이 확인된 물건을 본격적으로 주문하는 것.

Marine Insurance(해상보험)

해상에서 발생하는 모든 위험을 대상으로 하는 보험으로서 보험의 목적물을 기준으로 적하보험과 선박보험으로 구분할 수 있다. 이 중 적하보험은 화물이 적재될 때부터 하역될 때까지 발생하는 분실이나 파손에 대한 손해를 보상해 주는 보험이고, 선박보험은 선박이 건조·항해·수리·정박 중에 발생하는 멸실이나 파손으로 인해 발생하는 선박의 손해 및 배상책임으로 인한 손해를 보상받을 수 있는 보험이다.

Marked Freight Collect(운임후불표시)

Freight Collect란 화물이 도착한 후에 운임을 지급하는 것을 뜻하며 FOB와 같이 가격에 운임이 포함되지 않은 거래조건으로 계약한 경우 B/L에 'Freight Collect'라고 표시한다.

한편 Freight Prepaid란 화물을 운송하기 전에 운임을 미리 지급하는 것을 뜻하며 CIF와 같이 가격에 운임이 포함된 거래조건으로 계약한 경우 B/L에 'Freight Prepaid'라고 표시한다.

Marked Freight Prepaid(운임선불 표시)

Freight Prepaid란 화물을 운송하기 전에 운임을 미리 지급하는 것을 뜻하며 CIF와 같이 가격에 운임이 포함된 거래조건으로 계약한 경우 B/L에 'Freight Prepaid'라고 표시한다.

한편 Freight Collect란 화물이 도착한 후에 운임을 지급하는 것을 뜻하며 FOB와 같이 가격에 운임이 포함되지 않은 거래조건으로 계약한 경우 B/L에 'Freight Collect'라고 표시한다.

Market Claim(마켓클레임)

시장상황의 악화로 인한 손해를 모면하기 위해서 사소한 문제를 트집 잡아 제기하는 클레임.

Master B/L

선박회사에서 포워더에게 발행하는 B/L.

M

Master L/C(원신용장)

국내공급자를 수익자로 발행되는 Local L/C나 중계무역 시 국외 공급자를 수익자로 발행되는 Sub L/C의 근거가 되는 신용장으로서 수입자의 요청에 따라 신용장개설은행이 수출자 앞으로 개설한 신용장을 뜻하며 Original L/C라고도 부른다.

Mate Receipt ☞ M/R

Measurement

물건의 부피.

Micro Land Bridge(마이크로 랜드브리지)

동아시아에서 태평양까지 해상운송한 후 전 미국의 철도 및 도로망을 이용하여 내륙지역의 목적지까지 운송하는 방식.

Mini Land Bridge ☞ MLB

Mixed Payment(혼합결제방식)

두 가지 이상의 방식을 혼합한 결제방식. 예를 들어 대금의 일부는 사전송금방식으로 결제하고 나머지는 사후송금방식 또는 신용장방식이나 추심방식으로 결제하는 방식을 뜻하며 수출자와 수입자가 위험부담을 나누기 위한 방편으로 사용한다.

MLB(Mini Land Bridge: 미니 랜드브리지)

동아시아에서 태평양 연안까지 해상운송한 후 미국 대서양 연안 및 멕시코만의 항구까지 철도로 운송하는 방식.

M/L Clause(More or Less Clause: 과부족용인조항)

곡물, 광물, 모래, 자갈 등과 같이 계약된 수량을 정확하게 지키기가 힘든 품목의 경우에 과부족을 허용할 수 있는 범위를 정해서 해당 범위 내에 속하는 수량을 인도하면 계약상의 물품인도의무를 이행한 것으로 간주하는 조항을 뜻한다.

예를 들어 계약물량이 100톤이고 계약체결 시 5%의 과부족을 용인하는 조건(5% more or less in quantity is acceptable)을 달면 95톤에서 105톤까지의 물량을 허용한다는 뜻이다.

신용장통일규칙(UCP 600) 제30조에 따르면 수량이 개수나 포장 단위로 표시되지 않는 곡물이나 석탄 등과 같은 Bulk Cargo의 경우 별도의 과부족 허용문구가 없더라도 5%를 초과하지 않는 범위 내에서 물품 수량의 과부족이 허용된다. 단 청구금액은 신용장 금액을 초과할 수 없다.

따라서 약정수량을 초과해서 인도하는 경우에는 신용장금액의 범위 내에서만 환어음을 발행해야 하며 남은 금액은 매수인과의 협의에 의해 별도로 회수해야 한다.

M/R(Mate Receipt: 본선인수증)

일등항해사가 화물수령의 증거로 발행하는 본선인수증으로서 화물이 아무런 이상 없이 선적이 완료되었다는 것을 확인하는 서식이다. 선적은 완료되었으나 화물에 이상이 있음이 확인되었을 때는 이를 비고 난에 기재한다.

Multimodal Transport(복합운송)

하나의 운송계약에 의거 서로 다른 두 가지 이상의 운송수단을 사용하여 화물을 목적지까지 운반하는 것을 뜻하며 Combined Transport라고도 부른다. 복합운송계약에 의거 전 계약구간의 복합운송을 총괄하는 자를 복합운송인이라고 한다.

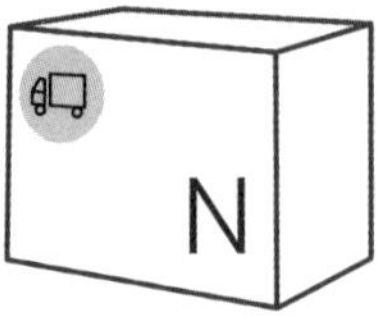

Negotiation(매입)

신용장방식의 거래에서 매입은행이 수출자로부터 환어음 및 선적서류를 매입하고 수출대금을 지급하는 것으로서 실무에서는 흔히 네고라고 한다.

Negotiation Bank(매입은행)

수출자로부터 신용장에 명기된 환어음 및 선적서류를 매입하고 수출대금을 지급하는 은행.

Negotiation L/C(매입신용장)

환어음의 발행인뿐만 아니라 어음의 배서인 및 선의의 소지인에게도 지급을 확약함으로써 수출자가 개설은행이 아닌 제3의 은행을 통해서 수출대금을 지급받을 수 있도록 허용하는 신용장.

통상적으로 수출자는 수입자의 거래은행인 개설은행과 거래 관계가 없기 때문에 신용장대금을 개설은행으로부터 직접 수령하는 것보다 자신이 거래하는 은행으로부터 수령하는 것이 편리하다. 이와 같은 수출자의 입장을 감안하여 제3의 은행에 수출자가 발행하는 환어음의 매입을 허용하는 신용장이 매입신용장이다.

매입신용장은 매입은행이 특정은행으로 지정된 매입제한신용장Restricted L/C과 아무 은행에서나 자유롭게 매입할 수 있는 자유매입신용장Open L/C 또는 Freely Negotiable L/C 또는 General L/C으로 나누어진다. 대부분의 신용장은 자유매입신용장으로 개설되며 수출자가 거래하는 은행이 매입은행이 된다.

거래은행과 매입은행 간의 결제와 관련하여 개설은행이 신용장에 명시해 놓은 상환은행을 통해서 신용장대금을 결제하는 신용장을 매입상환신용장Negotiation Reimbursement L/C이라고 하며 매입은행이 추후에 지정하는 결제은행을 통해서 신용장대금을 결제하는 신용장을 매입송금신용장Negotiation Remittance L/C이라고 한다.

Negotiation Restricted L/C(매입제한신용장)

매입은행이 특정은행으로 지정된 L/C.

Net Weight

물건의 순중량.

New York Convention(뉴욕협약)

외국중재판정의 승인 및 집행에 관한 유엔협약United Nations Convention on the Recognition and Enforcement of Foreign Arbitral Awards으로서 중재판정의 내용은 외국에서도 간단한 집행판결만으로 강제집행할 수 있다는 근거법.

1959년 6월 발효되었고 전 세계 주요교역국이 가입하였으며 우리나라에서는 1973년 5월 9일부터 발효되었다.

뉴욕협약의 적용을 받기 위해서는 거래당사자 간에 분쟁발생 시 중재판정에 따른다는 중재합의가 있어야 한다.

Non Operative L/C(비활성신용장)

수익자의 Performance Bond가 있어야만 활성화되는 신용장.

Notify Party(통지인)

운송인이 화물의 도착을 통지해 주는 상대방으로서 통상적으로 수입자를 통지인으로 지정한다.

NVOCC(Non-Vessel Operating Common Carrier)

선박을 보유하지 않은 상태로 복합운송을 제공하는 운송인.

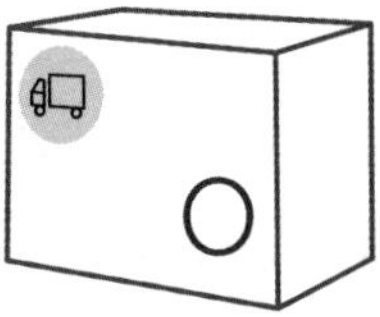

OA(Open Account)

이론적으로는 수출대금을 건별로 계산하지 않고 일정기간 동안의 거래내역을 장부에 기장한 후 장부마감일에 서로 상계할 것은 상계하고 차액만을 지급하는 상호계산방식을 뜻하지만 실무적으로는 건별 수출대금을 일정기간 후에 결제하는 사후송금방식의 경우에도 OA라는 용어를 사용한다.

OA방식은 물품을 선적하고 수입자에게 선적사실을 통보함과 동시에 외상채권이 성립된다는 의미에서 선적통지부사후송금방식이라고도 부르며 수출자는 은행과 약정을 맺고 수출채권을 매각함으로써 수출대금을 미리 지급받을 수 있다.

OA방식에서 수출자가 은행에 외상채권을 매각하고 수출대금을 지급받는 것을 실무적으로 'OA 네고'라고 부르며 선적서류 원본은 수입자에게 발송하고 은행에는 사본을 제출한다. 약정한 기일에 수입자가 대금을 결제하지 않으면 이미 지급받은 대금을 은행에 반납해야 한다.

수출자의 입장에서 대금회수에 대한 보장이 없으므로 본지사 간이나 신용이 확인된 수입자와의 거래에 한하여 제한적으로 활용할 수 있으며, 은행의 입장에서는 수출자에 대한 대출에 해당하므로 신용도가 좋은 일부 기업에 한해서 OA 네고를 허용한다.

Ocean B/L(해상선하증권)

해상운송 시 발행되는 선하증권으로서 국내항구 간 또는 내륙운송 시에 발행되는 선하증권과 구분하여 사용한다.

Ocean Transportation(해상운송)

선박을 이용하여 해상으로 물품을 운송하는 것으로서 육상운송이나 항공운송에 비해 대량운송이 가능하고 운송비가 저렴하다는 장점이 있으나 운송시간이 많이 걸린다는 단점이 있다.

ODM(제조업자개발생산)

Original Development Manufacturing의 약어로서 제조업자가 자체 개발한 기술을 바탕으로 물건을 생산하여 주문자에게 공급하는 방식이다. OEM은 주문자가 제공하는 설계도에 따라 생산하는 단순하청방식인데 비하여 ODM은 주문자는 제품의 콘셉트만 제공하고 제조업자가 자신의 제조 노하우 및 기술을 활용하여 상품기획에서부터 개발, 생산, 품질관리에 이르기까지 전 과정을 독자적으로 처리하는 방식이다.

O

OEM(주문자상표부착방식)

Original Equipment Manufacturing의 약어로서 주문자가 지정한 상표를 부착하여 물건을 생산해서 공급하는 방식.

O/F(Ocean Freight)

해상운임.

OFC(Ocean Freight Charge)

해상운임.

Offer(오퍼)

매매조건을 제시하면서 그러한 조건으로 물품을 판매 또는 구매하겠다는 의사표시로서 청약이라고도 부른다. 오퍼의 효력은 상대방에게 도달했을 때 발생하며 다음의 경우에는 소멸된다.

① 오퍼의 철회 및 취소

② 오퍼의 거절

③ 오퍼의 내용을 추가, 제한 또는 변경하여 승낙

④ 반대오퍼

⑤ 승낙기간의 경과

Offer Sheet(물품매도확약서)

매도인이 매수인에게 물품의 명세나 가격조건, 결제조건 등을 명시하여 발행하는 서식.

On Board B/L(본선적재선하증권)

화물이 본선에 적재되었음을 나타내는 선하증권. 한편 화물을 부두창고나 부두장치장 등에서 인수하여 선박에 적재되기 전에 발행한 B/L은 수취선하증권Received B/L이라고 하며 은행으로부터 매입을 거절당할 수 있다.

Open Account ☞ OA

Opening Charge(신용장개설수수료)

개설은행에서 수입자를 대신하여 대금지급을 확약하는 보증료 성격으로 징수하는 수수료.

Open L/C(자유매입신용장)

Freely Negotiable L/C, General L/C라고도 부르며 아무 은행에서나 자유롭게 매입할 수 있는 L/C. 대부분의 신용장은 자유매입신용장으로 개설되며 수출자가 거래하는 은행이 매입은행이 된다.

O

Open Top Container(오픈탑컨테이너)

지붕이 개방된 컨테이너.

Order Acknowledgement

셀러가 최종적으로 확정된 계약조건을 명시하여 발행하는 서식. Sales Note, Proforma Invoice, Order Confirmation 등의 타이틀로도 발행한다.

Order B/L(지시식선하증권)

Consignee 난에 'to order' 또는 'to the order of 개설은행명'과 같이 수하인을 지정하지 않고 지시식으로 표기한 선하증권으로서 결제방식이 신용장방식일 때 주로 사용한다.

신용장방식의 거래에서 지시식선하증권을 사용하는 이유는 수입자가 신용장대금을 결제하지 않을 경우 개설은행에서 자체적으로 화물을 처분할 수 있도록 하기 위함이다. 즉, 처음부터

Consignee를 수입자로 지정해 놓으면 수입자가 신용장대금을 결제하지 않을 때 은행에서 화물을 처리하는 데 문제가 있으므로 은행의 지시에 따르도록 하는 것이다.

Order Confirmation

셀러가 최종적으로 확정된 계약조건을 명시하여 발행하는 서식. Sales Note, Proforma Invoice, Order Acknowledgement 등의 타이틀로도 발행한다.

Order Sheet

바이어가 최종적으로 확정된 오더의 내역 및 계약조건을 명시하여 발행하는 서식. Purchase Order, Purchase Note 등의 타이틀로도 발행한다.

Origin(원산지)

물품이 성장, 생산, 제조 또는 가공된 국가를 의미하며 원산지별로 각기 다른 통관규정이나 관세율이 적용될 수 있다. 원산지를 판정하는 기준은 국가나 품목에 따라 달라지므로 별도로 확인해야 한다. 우리나라의 원산지관리는 원산지판정제도, 원산지표시제도, 원산지확인제도로 나누어진다.

Original B/L

흔히 '오비엘'이라고 부르는 선하증권의 원본.

Original L/C(원신용장)

국내공급자를 수익자로 발행되는 Local L/C나 중계무역 시 국외 공급자를 수익자로 발행되는 Sub L/C의 근거가 되는 신용장으로서 수입자의 요청에 따라 신용장개설은행이 수출자 앞으로 개설한 신용장을 뜻하며 Master L/C라고도 부른다.

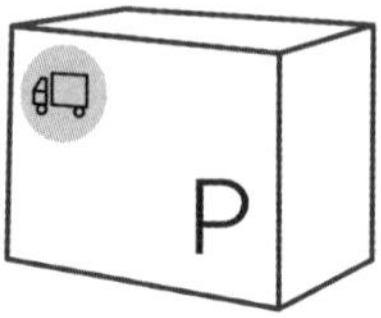

Packing List(포장명세서)

수출물품의 포장상태 및 포장내역을 표시한 서식으로서 물품의 포장상태를 파악할 수 있도록 포장단위별 포장내역, 총중량, 순중량, 부피 등을 표시한다.

Parallel Import(병행수입)

국내독점판매권을 갖고 있지 않은 일반 수입업체가 외국에서 적법하게 유통되는 상품을 국내로 들여오는 것. 세계적인 유명브랜드 제품을 본사로부터 수입하지 않고 현지의 도매업체나 유통업체로부터 수입하는 것이 이에 해당된다. 우리나라에서는 수입공산품의 가격 인하를 유도하기 위해 1995년 11월부터 일부 예외규정을 두고 병행수입을 허용하고 있다.

해당 물품의 상표가 상표권자나 사용권자에 의해 적법하게 부착된 진정상품이어야 하고 해당 물품에 부착된 상표의 국내외 상표권자가 동일인 관계에 있거나 외국의 상표권자가 동일인 관계에 있는 국내상표권자로부터 전용사용권을 설정받고 있어야 한다.

상표권의 국내전용사용권을 가지고 있는 자가 수입은 하지 않고 제조·판매만 하는 경우에는 병행수입이 허용되지 않는다.

병행수입제품은 정상적인 통관 절차를 거쳐 수입하는 것이므로 불법적으로 수입유통되는 위조품이나 밀수품과는 구분된다.

P

Partial Loss(분손)

화물의 일부만이 손상을 입는 경우로서 전손이 아닌 손해는 모두 분손으로 간주하며 단독해손과 공동해손으로 나누어진다.

Partial Shipment(분할선적)

물품을 한꺼번에 신지 않고 두 차례 이상 나누어 신는 것으로서 공급자의 재고부족이나 수입자의 판매계획에 따라 여러 차례에 나누어 선적하는 것이 바람직할 때 허용된다.

Particular Average(단독해손)

전체화물의 일부만 멸실되거나 손상된 경우 해당 화물의 피보험자가 단독으로 부담하는 손해를 일컬으며 공동해손 이외의 분손은 모두 단독해손으로 처리한다.

Payee(수취인)

환어음에 표시된 금액을 지급받는 자를 뜻하며 발행인이 될 수도 있고 발행인이 지정하는 제3자가 될 수도 있다. 일반적으로 신용장방식의 거래에서는 수출자로부터 선적서류를 매입하는 매입은행(수출자의 거래은행)이 수취인이 된다.

추심방식의 거래에서는 수출자가 수취인이 되는 것이 원칙이지만 수출자의 거래은행에서 추심 전 매입(수입자의 대금지급을 기다리지 않고 수출자가 선적서류를 제출하면 바로 대금을 지급해 주는 방식)을 하는 경우에는 매입은행이 수취인이 된다.

Paying Bank(지급은행)

개설은행으로부터 수익자에게 신용장대금을 지급해 주도록 위탁받은 은행으로서 개설은행의 본지점이나 예치환거래은행이 된다.

Payment L/C(지급신용장)

개설은행이 해외의 본지점이나 예치환거래은행을 지급은행 Paying Bank으로 지정하고 해당 은행으로 하여금 선적서류와 상환하여 신용장대금을 지급해 줄 것을 위탁하는 신용장으로서 선적서류의 제시 즉시 대금이 지급되는 일람지급신용장Sight Payment L/C과 일정 기간 후에 대금이 지급되는 연지급신용장Deferred Payment L/C으로 나누어진다.

지급신용장방식에서는 지급은행 외의 제3의 은행에 의한 매입이 허용되지 않으며 환어음도 발행되지 않는다.

Payment Terms(결제조건)

무역거래에 따르는 대금결제를 어떻게 할 것인지를 정하는 것으로서 일반적인 무역거래에서는 주로 송금방식이나 신용장방식을 사용한다.

송금방식은 수입자가 수출자의 은행계좌로 물품대금을 송금하는 방식을 뜻하며 주로 전신환T/T: Telegraphic Transfer으로 송금이 이루어지기 때문에 'T/T' 또는 'Wire Transfer'라고 부른다. 송금방식으로 물품대금을 주고받는 절차와 방법은 국내에서 계좌이체하는 것과 크게 다르지 않다.

신용장L/C: Letter of Credit이란 은행에서 물품대금 지급을 확약하는 증서로서 수출자는 은행의 지급확약을 믿고 물품을 선적한 후 신용장에서 요구하는 서류를 은행에 제출하고 물품대금을 지급받으며, 수입자는 은행에 물품대금을 지급하고 서류를 인도받아서 물품을 찾는다.

PayPal(페이팔)

인터넷을 이용한 결제서비스로서 페이팔 계좌끼리 또는 신용카드를 이용하여 송금하는 방식.

PCS(Port Congestion Surcharge: 체화할증료)

도착항의 항만이 혼잡하여 하역이 지체됨으로써 발생하는 선박회사의 피해를 보전하기 위해서 부과되는 할증료.

Performance Bond(계약이행보증)

수출자가 계약의 이행을 보증하기 위해서 제출해야 하는 보증금 또는 보증서로서 보통 금융기관에서 발행하는 보증서를 제출한다. 주로 거래금액이 크고 장기간을 요하는 계약에서 요구한다.

Periodic Interest(환가료)

매입은행이 수출자에게 미리 신용장대금을 지급하고 개설은행으로부터 동 대금을 수취할 때까지의 기간에 대해서 이자 성격으로 징수하는 수수료.

PFS(Port Facility Security Charge)

항만시설보안료.

POD (Port of Discharge)

양륙항.

POF (Proof of Funds)

계약이행에 필요한 자금을 동원할 수 있는 능력을 보유했음을 증빙하는 서류.

POL (Port of Loading)

선적항.

Policy Holder (보험계약자)

보험료를 지급하고 보험자와 보험계약을 체결한 당사자.

POP(Proof of Product)

계약서에 명시된 물품을 보유하고 있음을 증빙하는 서류.

POPC(Proof of Production Capability)

계약서에 명시된 물품을 생산할 수 있는 능력이 있음을 증빙하는 서류.

Price(가격)

물품의 가치를 숫자로 표시한 것. 무역거래에서는 USD, JPY, EUR, CNY와 같은 통화단위와 함께 표시한다.

- **Price 관련 영문 표현**

Best Price 최선의 가격

Competitive Price 경쟁적인 가격

Current Price 현재 가격

Export Price 수출가격

High Price 높은 가격

Invoice Price 상업송장상의 가격

List Price 가격표상의 가격

Low Price 낮은 가격

Market Price 시장에서 통용되는 가격

Reasonable Price 적절한 가격

Reduced Price 할인가격

Rock-Bottom Price 최대한 낮춘 가격

Give(Make, Allow, Grant) a discount 가격을 할인하다

P

Price List(가격표)

복수의 상품 가격을 모아서 표로 만든 것. 수출품의 가격을 모아서 표로 만든 것은 수출가격표Export Price List라고 하며, 상품별로 단가Unit Price와 함께 FOB나 CIF와 같은 거래조건Trade Terms을 표시한다.

Price Terms(가격조건)

물품의 가격을 정하는 조건. 여기서 가격이란 물품 하나 또는 하나의 포장 단위의 가격인 단가를 뜻하며 무역서식에서는 'Unit Price'라고 표기한다. 무역서식에서는 단가와 함께 총금액을 표시하는데 총금액이란 단가에 총수량을 곱한 것이며 'Total Amount' 또는 'Amount'라고 표기한다.

무역거래에서 가격을 정할 때는 반드시 어떤 조건에서의 가격인지를 명확히 해야 한다. 여기서 조건이란 물품을 이동하는 과정

에서 발생하는 비용Cost과 위험Risk, 기타 수출자의 의무를 어디까지 가격에 포함시키느냐를 정하는 것으로서 가격조건Price Terms 또는 거래조건Trade Terms이라고 한다.

수출자와 수입자가 무역거래를 할 때마다 그때그때 거래조건을 정하는 것이 번거롭기 때문에 미리 일정한 거래조건을 만들어 놓은 것이 정형거래조건이며, 국제적으로 정형거래조건에 대한 통일된 해석기준을 제시하기 위해서 제정된 것이 인코텀즈Incoterms다.

수출자와 수입자는 무역거래를 할 때마다 별도의 거래조건에 합의하는 대신 FOB나 CIF같이 인코텀즈에서 규정한 정형거래조건 중에 하나를 선택하여 해당 조건에 입각한 가격에 합의함으로써 보다 쉽게 무역거래를 할 수 있게 되었다.

Processing Trade(위탁가공무역)

해외공장에 원료를 공급해 주고 물품을 가공토록 한 후 가공된 물품을 수입하거나 다른 외국으로 수출하는 것.

위탁가공무역을 하기 위해서는 가공작업을 제외한 모든 업무를 주도적으로 처리해야 한다. 예를 들어 의류의 경우 물건을 기획하고 디자인을 한 후 인건비가 싼 나라의 공장과 위탁가공계약을 하고 의류생산에 필요한 원부자재 및 디자인을 무상으로 공급한 후 옷감을 재단하고 재봉하는 것 같은 단순가공작업을 위탁해서 만

들어진 최종제품을 국내로 들여와서 팔거나 현지에서 전 세계로 수출하는 방식으로 진행한다.

위탁가공무역과 중계무역의 차이

위탁가공무역은 위탁자가 제품기획 및 디자인, 원자재공급 등을 주도하고 단순가공작업만을 수탁자에게 맡기는 반면에, 중계무역은 중계무역상이 물품의 제조 과정에 일체 간섭하지 않고 외국의 제조업체에서 자체적으로 생산한 완제품 또는 원자재를 구입해서 제3국으로 수출하는 것을 뜻한다.

P

Proforma Invoice(견적송장)

원래는 오더협상 중에 수출자가 견적서 용도로 발행하는 서식의 명칭이었으나 무역현장에서는 최종적으로 확정된 계약조건을 명시하여 발행하는 계약서의 일종으로 사용하고 있다.

Proof of Funds ☞ POF

Proof of Product ☞ POP

Proof of Production Capability ☞ POPC

Provisional Duties(잠정관세)

특정물품에 대하여 기본관세율과는 다른 세율을 잠정적으로 적용하는 관세로서 잠정관세율은 국회의 의결을 거쳐 법률로 정해진다.

PSC(Port Safety Management Charge)

항만안전관리비.

PSS(Peak Season Surcharge)

성수기할증료.

Purchase Note

바이어가 최종적으로 확정된 오더의 내역 및 계약조건을 명시하여 발행하는 서식. Order Sheet, Purchase Order 등의 타이틀로도 발행한다.

Purchase Order(주문서)

바이어가 최종적으로 확정된 오더의 내역 및 계약조건을 명시하여 발행하는 서식. Order Sheet, Purchase Note 등의 타이틀로도 발행한다.

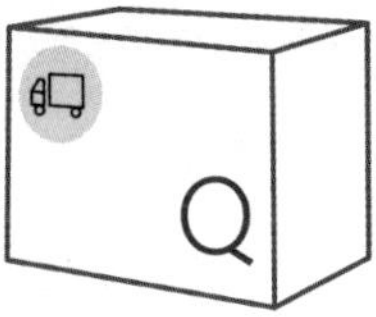

Quantity

물건의 양.

Quantity Discount(수량할인)

주문량이 일정수준 이상일 경우 가격을 할인해 주는 것.

Quarantine System(검역제도)

수출입화물의 이동에 따른 전염병의 확산을 방지하기 위한 제도로서 동물검역, 식물검역, 목재화물포장에 대한 검역 등이 있다.

Quota Tariff(할당관세)

수입물량을 조절하기 위하여 일정한 쿼터를 정해놓고 해당 쿼터만큼 수입되는 물량에 대해서는 무세 내지 저세율을 적용하고 그 이상 수입되는 물량에 대해서는 고세율을 적용하는 것.

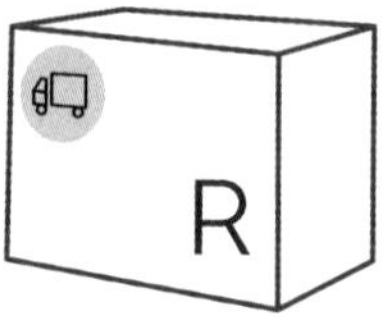

Received B/L(수취선하증권)

화물을 부두창고나 부두장치장 등에서 인수하여 선박에 적재되기 전에 발행한 B/L을 뜻하며 은행으로부터 매입을 거절당할 수 있다.

한편 화물이 본선에 적재되었음을 나타내는 선하증권을 본선적재선하증권On Board B/L이라고 하며 대부분의 L/C에서는 본선적재선하증권을 요구한다.

Red Clause L/C(선대신용장)

신용장개설의뢰인의 요청에 따라 수출업자에게 수출대금의 일부 또는 전부를 선적서류 제출 이전에 미리 지급받을 수 있도록 허용하는 신용장.

Reefer Container(냉동컨테이너)

농산물이나 축산물같이 보온 또는 보냉운송이 필요한 화물을 적재하는 컨테이너. Refrigerated Container라고도 부른다.

Refrigerated Container(냉동컨테이너)

농산물이나 축산물같이 보온 또는 보냉운송이 필요한 화물을 적재하는 컨테이너. Reefer Container라고도 부른다.

R

Reimbursement Bank(상환은행)

신용장개설은행의 예치환거래은행으로서 개설은행의 지시에 따라 매입은행에 신용장대금을 지급해 주는 은행.

매입은행이 개설은행과 거래 관계가 없을 경우 제3의 은행을 통해서 수출대금의 상환이 이루어지도록 하는데 이러한 역할을 하는 은행을 상환은행이라고 하며 결제은행Settling Bank이라고도 한다.

Remittance Bill(송금환)

채무자인 수입자가 채권자인 수출자에게 물품대금을 지급하기 위해서 은행에 송금을 의뢰하는 방식. 한편 채권자인 수출자가 은행에 추심을 의뢰하여 물품대금을 회수하는 방식을 추심환이라고 한다.

Repeat Order(재오더)

한 번 주문했던 물건을 다시 주문하는 것.

Restricted L/C(매입제한신용장)

매입은행이 특정은행으로 지정된 L/C.

Retaliatory Duties(보복관세)

교역상대국의 부당한 조치에 대항하기 위하여 부과하는 관세.

Revolving L/C(회전신용장)

동일한 수출자로부터 동일한 물품을 반복해서 수입할 경우 이미 사용된 신용장을 동일한 조건의 새로운 신용장으로 자동적으로 소생시키는 신용장.

RT(양륙품질조건)

Rye Terms의 약어로 곡물과 같이 선적 시와 양륙 시의 품질이 달라질 가능성이 있는 경우 품질검사의 기준시기를 양륙 시로 하는 조건. 원래 호밀Rye의 거래에서 사용해서 Rye Terms라고 부른다.

Rye Terms ☞ RT

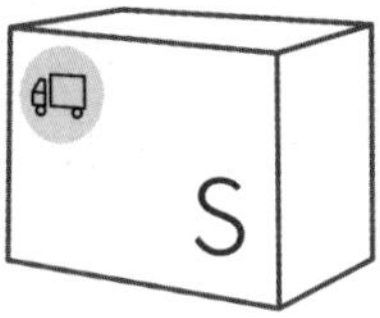

Sales Agreement

거래규모가 크거나 장기계약인 경우 구체적인 계약조항을 망라하여 작성하는 서식. Sales Contract, General Terms and Conditions 등의 타이틀로도 발행한다.

Sales Contract

거래규모가 크거나 장기계약인 경우 구체적인 계약조항을 망라하여 작성하는 서식. Sales Agreement, General Terms and Conditions 등의 타이틀로도 발행한다.

Sales Note

셀러가 최종적으로 확정된 계약조건을 명시하여 발행하는 서식. Proforma Invoice, Order Confirmation, Order Acknowledgement 등의 타이틀로도 발행한다.

Sample Order(샘플 오더)

수입판매 가능성을 타진하고 시장조사의 목적으로 소량의 물건을 주문하는 것.

SCO(Soft Corporate Offer)

매도인이 매수인에게 판매조건을 명시하여 발행하는 약식 오퍼로서 수정이 가능하다. 이와 반대로 한 번 발행하면 수정이 되지 않고 확실한 이행의무가 따르는 오퍼를 FCO[Full Corporate Offer]라고 한다.

S/D(Shipping Date)

선적일자.

SD(Sea Damaged)

곡물과 같이 선적 시와 양륙 시의 품질이 달라질 가능성이 있는 경우 품질검사의 기준시기를 원칙적으로 선적 시로 하지만 양륙 시에 다음과 같은 하자가 발견된 경우 매도인이 책임을 지는 조건이다.

① 해상에서 발생한 하자

② 하자발생의 원인이 바닷물에 젖음Wet by Sea Water, 민물에 젖음Wet by Fresh Water, 빗물에 젖음Wet by Rain Water, 증기에 젖음Wet by Vapour, 습기에 의한 손상Moisture Damage 또는 곰팡이나 세균에 의한 부패Decay 등에 해당하는 경우

Seal Fee

컨테이너에 물건을 적재한 후 봉인하는 비용.

Seasonal Customs Duties(계절관세)

계절에 따른 가격변동이 심한 물품의 수입량을 조절하고자 관세율을 인상 또는 인하하는 것.

Sea Waybill(SWB: 해상화물운송장)

운송인이 화물을 인수하였음을 증명하고 동 화물을 운송하여 운송장에 명시한 수하인에게 인도할 것을 약정하는 운송계약증서.

해상화물운송장은 화물인수증이자 운송계약의 증빙서류라는 점에서는 선하증권과 다를 바 없으나 화물에 대한 청구권을 갖는 유가증권이 아니며 유통시킬 수 없다는 점에서 선하증권과 구별된다.

수하인이 물품을 수령할 때 운송인에게 해상화물운송장을 제출

할 필요가 없으므로 인접국가 간의 거래에서 화물보다 서류가 늦게 도착함으로써 물품의 인도가 지연되는 것을 피할 수 있으며 원본 분실의 위험으로부터 자유로울 수 있다는 등의 장점이 있다.

이러한 장점 때문에 선하증권 대신 해상화물운송장을 사용하는 경우가 늘어나고 있으며 인코텀즈와 신용장통일규칙에서도 물품인도의 증빙서류로서 해상화물운송장을 명시적으로 인정하고 있다.

Shipper's Usance L/C

유선스기간의 이자를 수출자가 부담하는 기한부신용장으로서 수입자는 Usance 기간 경과 후에 L/C 금액만 지급하면 되고, 수출자는 Usance 기간이 경과하기를 기다렸다가 L/C 금액 전액을 받을 수도 있고, 매입은행과 별도의 약정을 맺고 물품 선적 직후 Usance 기간에 해당하는 이자를 공제하고 미리 돈을 받을 수도 있다.

Shipping Advice(선적통지)

수출자가 수입자에게 선적스케줄을 통보하는 것으로서 Shipping Notice라고도 한다.

Shipping Documents(선적서류)

선적사실을 확인하고 물품을 찾을 수 있도록 수출자가 수입자에게 보내주는 서류로서 상업송장Commercial Invoice, 포장명세서Packing List, 선하증권Bill of Lading 등이 있다.

Shipping Mark(화인)

수출품을 포장한 박스의 표면에 표시하는 것. Shipping Mark의 모양 및 구체적인 내용은 수입자가 정해서 수출자에게 알려주는 것이 일반적이나 수입자가 별도의 Shipping Mark를 정하지 않을 경우에는 수출자가 임의로 표시하기도 한다. 인코텀즈의 규정에 따라 수출자는 수입자의 요청이 없더라도 반드시 Shipping Mark를 표시해야 한다. 통상적으로 수입자가 자신의 물건을 쉽게 찾을 수 있도록 수입자의 이니셜과 도착항을 표시한다. 또한 여러 종류의 물건을 같이 싣는 경우 포장박스 안에 어떤 물건이 실려 있는지를 쉽게 확인할 수 있도록 포장박스마다 일련번호를 붙이고 포장명세서에 포장내역을 표시한다.

Shipping Notice(선적통지)

수출자가 수입자에게 선적스케줄을 통보하는 것으로서 Shipping Advice라고도 한다.

S

Shipping Order(S/O: 선적지시서)

선박회사에서 화물을 선박에 적재하여 목적지까지 운송할 것을 선장에게 지시하는 서식.

Shipping Port(선적항)

물건이 선적되는 항구.

Shipping Request(S/R: 선복신청서)

선박회사에 화물을 선적할 공간을 요청하는 서류.

Shoring(지주)

컨테이너화물의 경우 화물의 안정성을 위하여 목재 등을 사용하여 화물의 위치를 고정시키는 작업을 뜻하며, 재래선의 경우에는 선내에 적재된 화물의 적부의 균형을 잡게 하거나 고정시키는 작업을 뜻한다.

Shuttle Charge

컨테이너를 부두 내에서 옮기는 운반비용.

Siberian Land Bridge ☞ SLB

Sight Bill(일람불환어음)

환어음이 제시되자마자 대금지급이 이루어지는 어음. 한편 환어음이 제시되고 나서 일정 기간 후에 지급이 이루어지는 어음은 Usance Bill기한부환어음이라고 한다.

Sight Payment L/C(일람지급신용장)

개설은행이 해외의 본지점이나 예치환거래은행을 지급은행 Paying Bank으로 지정하고, 해당 은행으로 하여금 선적서류와 상환하여 신용장대금을 즉시 지급해 줄 것을 위탁하는 신용장.

S

SLB(Siberian Land Bridge: 시베리안 랜드브리지)

동아시아와 유럽 사이를 잇는 복합운송경로로서 동아시아에서 러시아의 나홋카 보스토치니까지 선박으로 운송한 다음, 시베리아철도로 유럽 또는 서아시아의 목적지로 운송하는 방식.

S/O ☞ **Shipping Order**

SOC(Shipper Owned Container)

선적인 소유 컨테이너.

S/R ☞ Shipping Request

Stale B/L

신용장에 명시된 제시시한이 경과한 B/L.

Standby L/C(보증신용장)

물품거래와 상관없이 순수한 보증목적으로 사용되는 신용장으로서 해외지사의 현지금융을 보증하거나 국제입찰 시 계약보증금, 이행보증금 등을 조달하는 데 이용한다.

STO ☞ Storage Charge

Storage Charge

화물이 입고되서 출고될 때까지 보관료조로 터미널에서 화주에게 징수하는 비용.

Stowage(적부)

선박 안전과 물품의 보호를 목적으로 선박 내의 적절한 장소에 물품을 적재하고 물품이 붕괴되거나 이동하지 않도록 조치하는 것을 말한다.

Straight B/L(기명식선하증권)

수하인 난에 수하인을 지정해 놓은 선하증권으로서 결제방식이 송금방식일 때 주로 사용한다. 한편 결제방식이 신용장방식일 때는 Consignee 난에 'to order' 또는 'to the order of 개설은행명'과 같이 수하인을 지정하지 않고 지시식으로 표기한 지시식선하증권Order B/L을 사용한다. 신용장방식의 거래에서 지시식선하증권을 사용하는 이유는 수입자가 신용장대금을 결제하지 않을 경우 개설은행에서 자체적으로 화물을 처분할 수 있도록 하기 위함이다. 즉, 처음부터 Consignee를 수입자로 지정해 놓으면 수입자가 신용장대금을 결제하지 않을 때 은행에서 화물을 처리하는 데 문제가 있으므로 은행의 지시에 따르도록 하는 것이다.

S

Stuffing

컨테이너에 화물을 신는 것을 뜻하며 Loading 또는 Vannning이라고도 부른다. 반대로 컨테이너에서 화물을 내리는 것을 Devanning이라고 한다.

Sub L/C

중계무역 시 원신용장Master L/C을 견질로 하여 국외공급자 앞으로 발행하는 L/C.

Subrogation(대위)

보험자가 보험금을 지급하는 대가로 피보험자의 피보험이익에 대한 권리 및 제3자에 대한 권리를 보험자에게 이전하는 것을 뜻하며 이렇게 이전한 권리를 대위권Right of Subrogation이라고 한다.

Surrendered B/L

Original B/L의 발행을 포기하거나 이미 발행된 경우 이를 선박회사에 반납함으로써 Original B/L을 제출하지 않고 B/L Copy만 제출하고 화물을 인수할 수 있도록 허용하는 B/L.

B/L을 Surrender 하기 위해서는 Shipper가 운송인으로부터 발급받은 Original B/L에 배서한 후 반납하거나, Original B/L 발행 전에 별도의 요청서를 제출해 Original B/L 발행을 포기한다.

Surrender된 B/L은 전면 하단부에 'SURRENDERED'라는 스탬프가 찍혀 있다. 선적지의 운송인은 B/L이 Surrender 되었음을 도착지의 운송인에게 별도의 메시지로 알리고, 수하인은 Shipper로부터 B/L 사본을 전달받아 운송인에게 제출하고 화물을 인수한다.

Surrendered B/L은 우리나라와 중국, 일본, 대만 등과 같은 인접 국가 간의 무역거래에서 결제방식이 송금방식이고 선적서류보다 화물이 먼저 도착할 경우 Original B/L이 도착하기 전에 화물을 인수할 수 있도록 고안된 방식이다.

SWB ☞ Sea Waybill

Switch B/L

중계무역상이 수입자에게 원수출자가 노출되는 것을 원하지 않을 때 선적지에서 발행된 Original B/L을 운송사에 반납하거나 Original B/L의 발행을 포기하고 B/L상의 Shipper명을 중계무역상으로 교체하여 새로운 B/L을 발급받는 것을 뜻한다.

Switch B/L방식을 사용하기 위해서는 원수출자와는 FOB와 같이 가격에 운임이 포함되지 않은 조건으로 계약을 체결하고, 수입자와는 CIF와 같이 가격에 운임이 포함된 조건으로 계약을 체결한 후 포워더를 지정해서 사전에 Switch B/L방식이 가능한지를 확인해 두어야 한다.

S

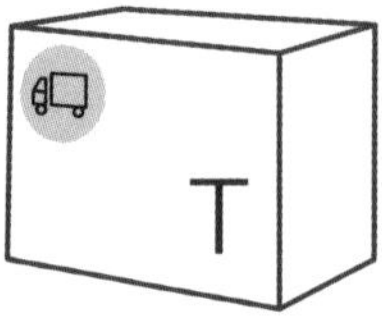

Tale Quale(TQ: 선적품질조건)

곡물과 같이 선적 시와 양륙 시의 품질이 달라질 가능성이 있는 경우 품질검사의 기준시기를 선적 시로 정하는 조건.

Tank Container(탱크컨테이너)

액체상태의 식품이나 화학제품을 적재하는 컨테이너.

Telegraphic Transfer(전신환)

외국환을 전신을 통해서 보내는 것.

Tenor of Draft

환어음의 지급기일.

Terminal Handling Charge ☞ THC

Terms of Contract(계약조건)

무역계약을 체결하기 위해서 바이어와 셀러 간에 합의해야 하는 조건으로서 품질, 수량, 가격, 선적 및 결제조건 등이 있다.

Terms of Quantity(수량조건)

사고팔 물품의 수량을 정하는 것이며 무역서식에서는 'Quantity'라고 표기한다. 수량을 정할 때는 물품의 특성이나 포장단위에 따라 Ea, Pcs, Box, Set, Kg, Ton 등으로 표시하며, 수출자의 입장에서 최소한의 수량을 정할 필요가 있을 때는 최소주문수량Minimum Quantity을 명시하기도 한다.

중량을 톤으로 표시할 때는 다음과 같이 나라마다 기준이 다른 것에 유의해야 한다.

L/TLong Ton, English Ton = 2,240lbs = 1,016kgs

S/TShort Ton, American Ton = 2,000lbs = 907kgs

M/TMetric Ton, French Ton = 2,204lbs = 1,000kgs

Terms of Shipment(선적조건)

무역거래에서 물품의 선적과 관련한 제반 조건을 정하는 것을 뜻하며 운송방식, 선적항, 도착항, 선적시기, 분할선적 및 환적 허

T

용 여부 등을 포함한다.

여기서 운송방식이란 물품을 해상으로 운송할지 항공으로 운송할지를 정하는 것이며, 선적항Shipping Port과 도착항Destination에 따라 운송비와 운송기간이 달라지므로 어디서 선적하고 어디까지 운송할지도 정해두어야 한다.

또한 선적시기Shipment Date는 물품을 언제 선적할 지를 정하는 것으로서 통상 최종선적기일Latest Date of Shipment을 정하고 해당 기일 내에 물품을 싣도록 한다.

분할선적Partial Shipment이란 물품을 2회 이상 나누어 싣는 것을 뜻하며 재고가 없거나 계약물량 전량을 준비하는 데 시간이 많이 걸릴 경우에 수입자의 양해 하에 이루어진다.

환적Transshipment이란 물품을 운송하는 도중에 중간기착지에서 다른 선박이나 운송수단에 옮겨서 싣는 것을 뜻한다. 환적은 수출국과 수입국 간에 정기운송항로가 없거나 자주 운항하지 않는 경우 또는 운송 도중 운송수단이 바뀌는 경우에 이루어진다.

TEU

Twenty foot Equivalent Units의 약어로 2만 TEU급 컨테이너선이라고 하면 20피트 컨테이너 2만 개를 실을 수 있는 컨테이너선을 뜻한다.

THC(Terminal Handling Charge: 터미널화물처리비)

수출화물의 경우 CY에 입고된 시점부터 본선선측에 도착할 때까지, 수입화물의 경우 본선선측에서부터 CY에 입고될 때까지 화물의 이동에 따르는 화물처리비용.

Third Party B/L(제삼자선하증권)

B/L상의 Shipper가 계약당사자인 수출자 대신 제3자가 되는 것으로 주로 중계무역에서 사용된다. 예를 들어 한국의 중계무역상이 중국의 공급자로부터 물건을 구입하여 미국으로 직접 선적토록 하는 경우 중국 공급자를 Shipper로 하여 발행된 B/L을 Third Party B/L이라고 한다.

T

Tomas L/C(토마스신용장)

수출자가 신용장을 받은 날로부터 일정한 기일 내에 수입자에게 Counter L/C를 개설해야 신용장이 유효하다는 조건을 단 동시개설신용장으로서 수출자는 언제까지 Counter L/C를 개설하겠다는 내용의 보증서를 제출해야 한다. 연계무역에서 사용되는 신용장이며 일반적인 무역거래에서는 거의 사용되지 않는다.

Tomming(역지주)

심한 요동에 의하여 물품이 위로 올라오는 것을 방지하기 위하여 역방향에서 물품의 하부를 지키는 것.

Total Amount(총금액)

물품의 단가Unit Price에 수량을 곱한 가격.

Total Loss(전손)

화물 전체가 멸실되거나 복구비용이 해당 물품의 시장가격을 초과할 정도의 손상이 발생한 경우를 뜻하며 현실전손과 추정전손으로 나누어진다.

TQ ☞ Tale Quale

Trade Terms(거래조건)

무역거래에서 가격을 정할 때 물품을 이동하는 과정에서 발생하는 비용Cost과 위험Risk, 기타 수출자의 의무를 어디까지 가격에 포함시키느냐를 정하는 조건으로서 가격조건Price Terms이라고도 부른다.

수출자와 수입자가 무역거래를 할 때마다 그때그때 거래조건을 정하는 것이 번거롭기 때문에 미리 일정한 거래조건을 만들어 놓은 것이 정형거래조건이며, 국제적으로 정형거래조건에 대한 통일된 해석기준을 제시하기 위해서 제정된 것이 인코텀즈Incoterms다.

수출자와 수입자는 무역거래를 할 때마다 별도의 거래조건에 합의하는 대신 FOB나 CIF같이 인코텀즈에서 규정한 정형거래조건 중에 하나를 선택하여 해당 조건에 입각한 가격에 합의함으로써 보다 쉽게 무역거래를 할 수 있게 되었다.

Tramper(부정기선)

정해진 항로를 정기적으로 운항하는 정기선과는 달리 화주와 선박회사가 체결하는 용선계약에 따라 화주가 원하는 시기와 항로에 따라 화물을 운송하는 선박.

주로 곡물이나 광물과 같은 대량화물을 수송대상으로 하고 운임은 운송계약 체결 당시의 수요와 공급에 따라 결정된다.

Transferable L/C(양도가능신용장)

수익자의 요청에 의하여 신용장 금액의 일부 또는 전체를 제2의 수익자에게 양도할 수 있는 신용장을 뜻하며 신용장에 'Transferable'이라는 표시가 되어 있어야 한다. 양도가능신용장은 수출자가 자기 명의로 수출할 수 없거나 제3국의 공급업체로부터 물건을 조달하는 중계무역방식에서 활용된다.

양도는 1회에 한하며 재양도는 금지되고, 분할선적이 허용되는 경우에는 복수의 제2수익자에게 분할하여 양도할 수 있다. 또한 중계무역의 경우 원신용장의 금액 및 단가를 감액하고 선적기일, 서류제시기일 및 유효기일을 단축하여 양도하는 조건변경부양도가 가능하다.

Transshipment(환적)

물품을 선적항에서 도착항까지 같은 선박으로 운송하지 않고 중간기착지에서 다른 선박에 옮겨 싣는 것. 목적지까지 항해하는 선박이 없거나 있더라도 자주 운항하지 않을 때 수입자의 동의하에 환적이 이루어진다. 단 Feeder선을 이용하는 것은 환적으로 보지 않으며 선적항의 선명과 하역항의 선명이 다른 경우는 환적으로 본다.

Trial Order(시험오더)

물건을 직접 시장에 판매하면서 소비자들의 반응을 살펴보기 위해서 일정규모의 물량을 주문하는 것.

Trim(정리)

물품을 균형 있게 적재하고 운송 중에 물품의 붕괴가 없도록 조치하는 것.

Trucking Charge

수출자의 공장에서 부두까지 또는 부두에서 최종목적지까지 운반하는 내륙운송비.

Trust Receipt(대도)

수입자가 수입대금을 지급하지 않고 개설은행으로부터 선적서류를 인도받아서 수입화물을 처분한 후 그 판매대금으로 수입대금을 결제할 수 있도록 하는 것. 이때 개설은행에서는 수입화물의 수입대금이 결제될 때까지 수입화물에 대한 담보권을 유지한다.

T/T(송금방식)

Telegrahic Transfer의 약어로 물품대금을 은행을 통해서 상대방 계좌로 송금하는 방식. 은행계좌로 돈을 보내고 받는 절차는 국내에서 계좌이체하는 것과 다를 바 없다. 다만 외화로 들어오고 나가기 때문에 환전 과정을 거친다는 것만 다르다.

T/T방식으로 수입하려면 공급자에게 은행명과 계좌번호를 알

려달라고 해서 해당 계좌로 돈을 보내면 되고 수출의 경우에는 수입자에게 자신이 거래하는 은행명과 계좌번호를 알려주면 된다.

현재 전 세계 무역거래에서 가장 많이 사용하는 결제방식으로서 돈을 보내고 받는 것은 간편하지만 문제는 언제 돈을 보내느냐 하는 것이다. 수출자는 자신을 믿고 돈을 먼저 보내라고 하고 수입자는 자신을 믿고 물건을 먼저 보내면 물건을 받는 즉시 돈을 보내겠다고 우기기 십상이다.

돈을 먼저 보내는 방식을 사전송금방식이라고 하고 영어로는 'T/T in advance'라고 표기한다. 사전송금방식에 의거 돈을 미리 보냈다가 수출자가 물건을 싣지 않으면 수입자는 돈을 떼이게 되므로 수입자에게 상당히 불리한 방식으로서 소액의 샘플거래에 제한적으로 사용된다.

반대로 물건을 받은 후에 돈을 보내는 방식을 사후송금방식이라고 하며 영어로는 'T/T 30 days from B/L date' 등과 같이 표기한다. 사후송금방식의 경우 수입자는 물건을 받은 후에 돈을 보내기 때문에 안전하지만 수출자는 물건을 보냈다가 수입자가 돈을 보내지 않으면 수출대금을 회수하기가 곤란해진다. 하지만 전 세계적으로 무역거래에서 가장 많이 사용하는 방식이 사후송금방식이다. 거래가 어느 정도 이루어지고 나면 수입자 쪽에서 자연스럽게 외상거래를 요청하기 때문이다.

수출자는 어느 시점에 사후송금방식의 거래에 응할지를 결정해야 하는데 수입자를 다른 경쟁업체에 뺏기지 않으려면 울며 겨자 먹기로 수입자의 외상거래 제안을 받아들일 수밖에 없다. 이때 대금 미회수로 인한 위험에 대비하기 위해서 한국무역보험공사에서 운영하는 수출보험에 가입하는 것이 바람직하다.

T/T Buying Rate(전신환매입율)

고객이 외국에서 송금된 돈을 지급받을 때 적용하는 환율.

T/T in Advance(사전송금방식)

물건이 선적 또는 인도되기 전에 미리 물품대금을 송금하는 방식으로서 ① 수출자와 수입자 간의 계약 ② 수출자의 은행계좌로 물품대금 송금 ③ 수출자가 물품을 선적하고 선박회사로부터 B/L 수취 ④ 수입자에게 서류 송부 ⑤ 수입자가 선박회사에 B/L 제시 후 물품을 인수하는 방식으로 업무가 진행된다.

사전송금방식의 거래는 ②번까지만 진행되고 끝날 수 있다. 즉, 수입자가 미리 대금을 송금했는데도 수출자가 물품을 선적하지 않는 경우다. 이런 경우 수입자로서는 대금만 지급하고 물건을 받을 수 없게 되므로 가장 위험한 결제방식이며 반대로 수출자에게는 가장 안전한 결제방식이라고 할 수 있다.

사전송금방식은 거래금액이 작거나 수출자의 신용이 확실한 경우에 제한적으로 사용되며 거래금액이 크거나 수출자의 신용이 불확실한 경우에는 사용하기가 곤란한 결제방식이다.

T/T Selling Rate(전신환매도율)

고객이 외국에 송금할 때 적용하는 환율.

U

UCP(Uniform Customs and Practice for Documentary Credits: 신용장통일규칙)

신용장에 대한 각기 다른 해석으로 인해 발생하는 분쟁에 대비하기 위해서 국제상업회의소International Chamber of Commerce에서 제정한 신용장의 해석기준으로서 1933년에 처음으로 제정되었으며 그 후 수차례 개정 작업을 거쳐 현재는 2007년에 개정한 제6차 신용장통일규칙이 적용되고 있다.

화환신용장통일규칙은 강행법규가 아닌 임의법규이기 때문에 신용장거래당사자를 구속하기 위해서는 신용장에 화환신용장통일규칙을 적용한다는 준거 문언이 삽입되어야 한다.

Unclean B/L(사고선하증권)

Remark 난에 화물의 포장상태나 수량 등에 하자가 있음이 기재된 선하증권으로서 Dirty B/L 또는 Foul B/L이라고도 부른다.

Unclean B/L은 은행에서 매입을 거절하므로 수출자는 하자내용을 보완한 후 Clean B/L무사고선하증권을 발급받아야 한다. 선적기일 내에 하자보완이 불가능한 경우에는 선박회사에 Letter of Indemnity L/I: 파손화물보상장를 제출하고 Clean B/L을 교부받을 수 있다.

Letter of Indemnity란 화물 인수 시 발견된 하자로 인해서 발생하는 화물의 손상에 대해서 화주가 책임을 지며 선박회사는 면책된다는 내용을 기재한 서식으로서 이 서식에 의거 파손화물에 대한 최종 보상책임은 수출자가 부담하게 된다.

Unit Price(단가)

① 일반상품의 경우 물품 하나 또는 하나의 포장 단위당 가격.

② 중량이나 부피로 계산하는 물품의 경우 중량이나 부피당 가격.

Unloading(하역)

선박에서 물품을 내리는 것.

Uruguay Round of Multinational Trade Negotiation
(우루과이라운드)

1986년 9월 우루과이에서 개최된 '관세 및 무역에 관한 일반협정 GATT' 각료회의를 출발점으로 하여 여덟 번째 회의가 개최된 1993년 12월에 타결된 다자간 무역협상으로서 보호무역이나 지역주의를 억제하고 다자주의에 입각한 무역 자유화 실현을 목표로 한다. 우루과이라운드의 합의사항을 이행하기 위해서 1995년에 세계무역기구WTO: World Trade Organization가 출범하였다.

U

Usance Bill of Exchange(기한부환어음)

환어음이 제시되고 나서 일정 기간 후에 지급이 이루어지는 어음.

Usance L/C(기한부신용장)

선적서류 인수 후 일정기간 후에 대금이 결제되는 신용장으로서 예를 들어 'Usance 150 days after sight'라고 하면 선적서류를 인수하고 나서 150일 후에 물품대금을 지급하는 방식을 뜻한다.

Usance L/C는 Usance 기간에 발생하는 이자를 누가 부담하느냐에 따라 Shipper's Usance L/C와 Banker's Usance L/C로 나누어진다. Shipper수출자가 이자를 부담하는 것을 Shipper's Usance L/C라고 하고, 개설은행이 이자를 부담하는 것을 Banker's Usance L/C라고 한다. Banker's Usance L/C의 경우 개설은행에서 개설의뢰인수입자에게 이자를 청구하므로 결국 바이어가 이자를 부담하기 때문에 Buyer's Usance L/C라고 부르기도 한다.

수입자의 입장에서 보면 Shipper's Usance L/C의 경우 Shipper가 이자를 부담하므로 Usance 기간 경과 후에 L/C 금액만을 지급하면 되고, Banker's Usance L/C의 경우에는 L/C 금액과 별도로 Usance 기간 동안의 이자를 함께 부담해야 한다.

수출자의 입장에서 보면 Shipper's Usance L/C인 경우에는 Usance 기간이 경과하기를 기다렸다가 L/C 금액 전액을 받을 수도 있고, 매입은행과 별도의 약정을 맺고 물품 선적 직후 Usance 기간에 해당하는 이자를 공제하고 미리 돈을 받을 수도 있다. 어떤 경우든 Usance 기간에 해당하는 이자를 부담해야 하므로 계약금액에 Usance 기간에 해당하는 이자를 반영해야 한다.

Banker's Usance L/C인 경우에는 수입자가 이자를 부담하고 수출자는 At Sight L/C와 마찬가지로 선적 즉시 물품대금 전액을 지급받을 수 있으므로 계약금액에 이자를 반영할 필요가 없다.

Usance L/C는 신용장 본문 42c Draft 난에 '90 days after sight'

또는 '90 days from B/L Date' 등과 같이 표기하며 Banker's Usance L/C인 경우에는 다음과 같은 문구가 추가된다.

> Beneficiary's draft drawn under this credit must be negotiated on at sight basis. Acceptance commission and discount charges are for the account of applicant.

D/A와 Usance L/C의 차이

수입자의 입장에서 보면 D/A와 Usance L/C 모두 선적서류를 인수한 날로부터 일정기간 후에 대금을 결제하는 일종의 외상수입방식으로서 차이점이 없다. 하지만 수출자의 입장에서 보면 수입자가 대금을 지급하지 않을 경우 D/A 방식에서는 대금을 회수할 방법이 없으나 Usance L/C방식일 경우에는 수입자의 대금지급 여부와 상관없이 개설은행으로부터 대금을 지급받을 수 있다는 점이 다르다.

U

USQ(보통품질조건)

해당 상품을 관장하는 공인기관에서 보통품질이라고 판정하는 물품을 인도하기로 약정하는 것으로서 인삼이나 오징어, 원면 등의 거래에 사용된다.

V

Vanning

컨테이너에 화물을 싣는 것을 뜻하며 Loading 또는 Stuffing 이라고도 부른다. 반대로 컨테이너에서 화물을 내리는 것을 Devanning이라 한다.

Vienna Convention(비엔나협약)

공식명칭은 United Nations Convention on Contracts for the International Sale of Goods(CISG: 국제물품매매에 관한 유엔협약)이다.

모든 국제물품매매계약에 공통적으로 적용되는 무역계약의 기본법으로서 매도인과 매수인의 권리와 의무에 관한 규정을 담고 있다. 본 협약은 1980년 3월에 UN에서 채택되어 1988년 1월 1일 발효되었으며 우리나라는 2004년에 가입하고 2005년 3월 1일 발효되었다.

총 4편 101조로 구성되었으며 기본원칙, 청약과 승낙, 매도인과 매수인의 의무, 계약위반과 계약해제를 포함한 구제수단 및 위험 이전 등에 대해서 규정하고 있다.

국제물품매매계약에만 적용되며 용역이 주된 대상인 거래(가공무역 등)에는 적용이 배제된다.

VOCC(Vessel Operating Common Carrier)

자사 선박을 보유하고 직접 해상운송을 담당하는 선박회사.

VOY(Voyage No)

항차번호. 운항선박의 운항회수로 선박회사가 임의로 정하는 일련번호.

VSL(Vessel Name)

선박명.

V

W

WA(With Average)

보상대상 위험의 범위를 FPA 조건에서 지진, 낙뢰, 갑판유실, 해수침손 등으로 확대한 것이며 손상의 정도가 목적물의 일부에 일어난 경우에도 보상한다.

War Exclusion Clause(전쟁면책위험)

전쟁, 내란, 혁명, 모반, 반란, 포획, 나포, 억류(해적행위 제외) 및 유기된 기뢰, 어뢰, 폭탄 등으로 인해서 발생하는 위험. 해적위험은 구약관에서는 면책위험에 포함되었으나 신약관에서는 전쟁면책약관에서 배제되므로 ICC(A) 조건으로 보험에 가입하면 보상받을 수 있다.

W/F ☞ **Wharfage**

Wharfage(부두사용료)

항만운영업자가 부두의 유지, 개조를 위하여 사용자로부터 징수하는 비용.

Wire Transfer

전신환을 통해서 돈을 송금하는 방식으로서 T/T Telegraphic Transfer 라고도 부른다.

Without Recourse L/C(상환청구불가능신용장)

일단 매입은행에서 서류를 매입하면 개설은행에서 대금을 지급하지 않더라도 수익자에게 이미 지급한 대금을 돌려달라고 요구할 수 없는 신용장. 우리나라에서는 어음법에 의거 매입은행의 상환청구권을 인정하고 있다.

With Recourse L/C(상환청구가능신용장)

매입은행이 수익자로부터 서류를 매입하였으나 개설은행에서 대금지급을 거부할 경우 매입은행에서 수익자에게 이미 지급한 대금을 돌려달라고 요구할 수 있는 신용장.

이와 반대로 일단 매입은행에서 서류를 매입하면 개설은행에서 대금을 지급하지 않더라도 수익자에게 이미 지급한 대금을 돌려달라고 요구할 수 없는 신용장을 상환청구불가능신용장Without Recourse L/C이라고 한다.

우리나라에서는 어음법에 의거 매입은행의 상환청구권을 인정하고 있다.

WTO(World Trade Organization: 세계무역기구)

무역 자유화를 통한 전 세계적인 경제 발전을 목적으로 하는 국제기구로 GATTGeneral Agreement on Tariffs and Trade: 관세 및 무역에 관한 일반협정 체제를 대신하여 세계무역질서를 세우고 URUruguay Round of Multinational Trade Negotiation: 우루과이라운드 협정의 이행을 감시하고자 1995년 1월 1일 정식으로 출범하였으며 우리나라는 1995년 1월 1일 WTO 출범과 함께 회원국으로 가입하였다.

3장

국문 무역용어 해설

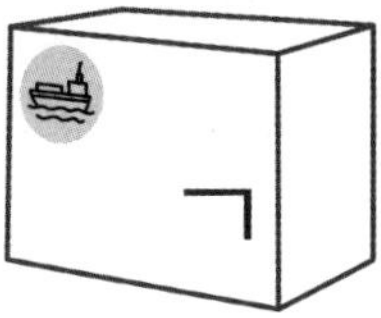

가격(Price)

물품의 가치를 숫자로 표시한 것. 무역거래에서는 USD, JPY, EUR, CNY와 같은 통화단위와 함께 표시한다.

• 가격 관련 영문 표현

가격표상의 가격 List Price

경쟁적인 가격 Competitive Price

낮은 가격 Low Price

높은 가격 High Price

상업송장상의 가격 Invoice Price

수출가격 Export Price

시장에서 통용되는 가격 Market Price

적절한 가격 Reasonable Price

최선의 가격 Best Price

최대한 낮춘 가격 Rock–Bottom Price

할인가격 Reduced Price

현재가격 Current Price

가격을 할인하다 Give(Make, Allow, Grant) a discount

가격조건(Price Terms)

물품의 가격을 정하는 조건. 여기서 가격이란 물품 하나 또는 하나의 포장 단위의 가격인 단가를 뜻하며 무역서식에서는 'Unit Price'라고 표기한다. 무역서식에서는 단가와 함께 총금액을 표시하는데 총금액이란 단가에 총수량을 곱한 것이며 'Total Amount' 또는 'Amount'라고 표기한다.

무역거래에서 가격을 정할 때는 반드시 어떤 조건에서의 가격인지를 명확히 해야 한다. 여기서 조건이란 물품을 이동하는 과정에서 발생하는 비용Cost과 위험Risk, 기타 수출자의 의무를 어디까지 가격에 포함시키느냐를 정하는 것으로서 가격조건Price Terms 또는 거래조건Trade Terms이라고 한다.

수출자와 수입자가 무역거래를 할 때마다 그때그때 거래조건을 정하는 것이 번거롭기 때문에 미리 일정한 거래조건을 만들어 놓은 것이 정형거래조건이며 국제적으로 정형거래조건에 대한 통일된 해석기준을 제시하기 위해서 제정된 것이 인코텀즈Incoterms다.

수출자와 수입자는 무역거래를 할 때마다 별도의 거래조건에 합의하는 대신 FOB나 CIF같이 인코텀즈에서 규정한 정형거래조건 중에 하나를 선택하여 해당 조건에 입각한 가격에 합의함으로써 보다 쉽게 무역거래를 할 수 있게 되었다.

가격표(Price List)

복수의 상품 가격을 모아서 표로 만든 것. 수출품의 가격을 모아서 표로 만든 것은 수출가격표Export Price List라고 하며 상품별로 단가Unit Price와 함께 FOB나 CIF와 같은 거래조건Trade Terms을 표시한다.

간이정액환급(Fixed Amount Return)

수출용 원재료를 수입할 때 실제로 납부한 관세 등의 세액과 상관없이 수출품의 HSK 10단위별로 미리 정해놓은 간이정액환급율표에 따라 관세환급이 이루어지는 방식으로서 환급신청자는 수출품의 HSK 10단위가 표시된 수출신고필증과 환급신청서를 제출하고 관세를 환급받는다.

간이정액환급제도는 중소기업체가 간편하게 관세환급을 받을 수 있도록 운영하는 제도로서 환급금 계산이나 관세납부와 관련한 복잡한 절차나 서류의 구비 없이 간편하게 관세환급을 받을 수 있다는 장점이 있으나 개별환급방식에 비해 환급금이 적을 수 있고 간이정액환급율표에 기재된 품목이 많지 않다는 문제점이 있다.

수출업체의 입장에서 간이정액환급방식에 의한 환급금액이 개별환급방식에 의한 환급액보다 적은 경우에는 정액환급 비적용신청을 할 수 있다. 비적용승인을 받은 수출업체는 간이정액환급율표에 기재된 모든 품목에 대하여 적용이 배제되고 품목별 선별 비적용은 인정되지 않는다.

개별법

무역과 직접적인 관련이 없는 법이지만 무역거래를 규제할 수 있는 법. 예를 들어 식품위생법, 약사법, 화장품법 등은 무역과 직접적인 관련이 없는 법이지만 식품이나 약품, 화장품 등을 수입할 때는 각각 해당 개별법의 적용을 받게 된다.

무역거래를 규제할 수 있는 개별법으로는 이밖에도 전기용품안전관리법, 가축전염병예방법, 마약류관리에 관한 법률, 방위산업에 관한 특별조치법, 자연환경보호법 등 모두 50여 개의 법이 있으며 국민보건 및 안전보호, 사회질서유지, 환경보호, 문화재보호, 규격 확인 등의 목적으로 무역거래를 규제한다.

우리나라에서는 수출입공고와 통합공고에 의해서 개별 품목의 수출입거래를 관리한다. 수출입공고는 수출입품목을 관리하기 위한 기본공고로서 Negative List System에 의해서 품목별로 수출입

ㄱ

을 관리한다. Negative List System이란 수출입을 금지하는 수출입 금지품목과 추천, 인증, 허가, 형식승인, 신고 등 일정한 요건을 갖춘 경우에만 수출입이 가능한 수출입제한품목을 공고하고 여기에 포함되지 않은 나머지 모든 품목에 대해서는 자유로운 수출입을 허용하는 제도를 뜻한다.

Negative List System의 반대말은 Positive List System으로서 자유롭게 수출입을 할 수 있는 아이템을 공고하고 나머지 모든 품목을 수출입할 때는 허가를 받도록 하는 제도를 뜻한다. 우리나라에서는 1967년부터 Negative List System을 채택하고 있다.

한편 통합공고란 식품위생법, 약사법, 화장품법, 전기용품안전관리법, 자연환경보호법 등과 같은 개별법에 의한 품목별 수출입 제한내용을 통합하여 공고하는 것으로서 수출입공고가 경제정책 목표 달성을 위한 공고인데 반해서 통합공고는 국민보건 및 안전, 사회질서유지, 문화재보호, 환경보호 등과 같이 경제 외적 목표를 달성하기 위한 공고이다.

결론적으로 우리나라에서 외국으로 물품을 수출하거나 외국에서 물품을 수입할 때는 수출입공고와 통합공고에 의해서 수출입 거래가 금지되거나 제한적으로 허용될 수 있다. 동일한 품목의 수출입에 대하여 수출입공고와 통합공고가 서로 다른 제한을 하고 있다면 두 가지 제한 모두의 적용을 받는다.

따라서 본격적으로 수출 또는 수입에 나서기 전에 해당 품목이 수출입공고 또는 통합공고에 의해서 수출입거래가 제한되는지를 확인할 필요가 있다. 개별 품목의 수출입공고와 통합공고의 내용은 한국무역협회 웹사이트에서 제공하는 '품목별수출입요령'에서 확인할 수 있다.

개별소비세(Individual Consumption Tax)

귀금속이나 승용차 등을 구입할 때 부과하는 세금으로서 해당 상품을 수입할 때 관세와 별도로 개별소득세를 납부해야 한다.

개별포장(Individual Packing)

개별 물품에 대한 포장.

개별환급(Individual Return)

수출품을 제조·가공하는 데 필요한 원재료를 수입할 때 납부한 관세 등의 세액을 사용한 원재료별로 확인·계산하여 환급금을 산출하는 방식을 뜻한다.

개별환급방식은 수출품을 생산하는 데 어떤 원재료가 얼마만큼 사용되었으며 해당 원료를 수입할 때 납부한 관세가 얼마인지를 일일이 확인해서 환급금을 계산하므로 환급금액을 정확하게 산출할 수 있다는 장점이 있으나 구비서류가 복잡하고 환급금 산출에 많은 시간이 소용된다는 문제점이 있다. 대부분의 관세환급은 개별환급방식으로 이루어진다.

개별환급을 받기 위해서는 수출품 생산에 소요된 수입원재료의 품명, 규격, 수량을 확인해 주는 소요량계산서와 원재료를 수입할 때 납부한 관세 등의 세액과 해당 수출품이 수출되었다는 것을 증명할 수 있는 서류를 제출해야 한다.

수출용 원재료를 수입할 때 납부한 관세 등의 세액을 증명하기 위해서는 수입신고필증, 분할증명서, 기초원재료납세증명서, 평균세액증명서 등을 제출해야 하고 수출 여부를 증명하기 위해서는 수출신고필증을 제출해야 한다.

개설수수료(L/C Opening Charge)

신용장을 개설할 때 개설은행에서 수입자를 대신하여 대금지급을 확약하는 데 따르는 보증료 성격으로 징수하는 수수료.

개설은행(Issuing Bank)

수입자의 요청에 따라 신용장을 개설해 주는 은행으로서 보통 수입자의 거래은행이 된다.

개설의뢰인(Applicant)

개설은행에 신용장을 개설해 달라고 의뢰하는 수입자.

거래조건(Trade Terms)

무역거래에서 가격을 정할 때 물품을 이동하는 과정에서 발생하는 비용Cost과 위험Risk, 기타 수출자의 의무를 어디까지 가격에 포함시키느냐를 정하는 조건으로서 가격조건Price Terms이라고도 부른다.

수출자와 수입자가 무역거래를 할 때마다 그때그때 거래조건을 정하는 것이 번거롭기 때문에 미리 일정한 거래조건을 만들어 놓은 것이 정형거래조건이며, 국제적으로 정형거래조건에 대한 통일된 해석기준을 제시하기 위해서 제정된 것이 인코텀즈Incoterms다.

수출자와 수입자는 무역거래를 할 때마다 별도의 거래조건에 합의하는 대신 FOB나 CIF같이 인코텀즈에서 규정한 정형거래조건 중에 하나를 선택하여 해당 조건에 입각한 가격에 합의함으로써 보다 쉽게 무역거래를 할 수 있게 되었다.

검사증명서(Inspection Certificate)

수출품 선적 전에 수출품의 품질이나 수량을 검사하고 이상이 없음을 확인해 주는 증명서.

검역제도(Quarantine System)

수출입화물의 이동에 따른 전염병의 확산을 방지하기 위한 제도로서 동물검역, 식물검역, 목재화물포장에 대한 검역 등이 있다.

견질신용장(Back to Back L/C)

원신용장Master L/C을 견질로 하여 원자재나 완제품공급자에게 발행하는 제2의 신용장을 뜻하며 국내공급자를 수익자로 발행되는 Local L/C와 중계무역 시 국외공급자를 수익자로 발행되는 Sub L/CBaby L/C가 있다.

결제조건(Payment Terms)

무역거래에 따르는 대금결제를 어떻게 할 것인지를 정하는 것으로서 일반적인 무역거래에서는 주로 송금방식이나 신용장방식을 사용한다.

송금방식은 수입자가 수출자의 은행계좌로 물품대금을 송금하는 방식을 뜻하며 주로 전신환T/T: Telegraphic Transfer으로 송금이 이루어지기 때문에 T/T 또는 Wire Transfer라고 부른다. 송금방식으로 물품대금을 주고받는 절차와 방법은 국내에서 계좌이체하는 것과 크게 다르지 않다.

신용장L/C: Letter of Credit이란 은행에서 물품대금 지급을 확약하는 증서로서 수출자는 은행의 지급확약을 믿고 물품을 선적한 후 신용장에서 요구하는 서류를 은행에 제출하고 물품대금을 지급받으며, 수입자는 은행에 물품대금을 지급하고 서류를 인도받아서 물품을 찾는다.

계약조건(Terms of Contract)

무역계약을 체결하기 위해서 바이어와 셀러 간에 합의해야 하는 조건으로서 품질, 수량, 가격, 선적 및 결제조건 등이 있다.

계절관세(Seasonal Customs Duties)

계절에 따른 가격변동이 심한 물품의 수입량을 조절하고자 관세율을 인상 또는 인하하는 것.

공동해손(General Average)

공동의 안전을 위협하는 위험을 피하기 위해서 이해당사자가 공동으로 부담하는 손해.

과부족용인조항(M/L Clause: More or Less Clause)

곡물, 광물, 모래, 자갈 등과 같이 계약된 수량을 정확하게 지키기가 힘든 품목의 경우에 과부족을 허용할 수 있는 범위를 정해서

ㄱ

해당 범위 내에 속하는 수량을 인도하면 계약상의 물품인도의무를 이행한 것으로 간주하는 조항을 뜻한다.

예를 들어 계약물량이 100톤이고 계약체결 시 5%의 과부족을 용인하는 조건(5% more or less in quantity is acceptable)을 달면 95톤에서 105톤까지의 물량을 허용한다는 뜻이다.

신용장통일규칙(UCP 600) 제30조에 따르면 수량이 개수나 포장단위로 표시되지 않는 곡물이나 석탄 등과 같은 Bulk Cargo의 경우 별도의 과부족 허용문구가 없더라도 5%를 초과하지 않는 범위 내에서 물품 수량의 과부족이 허용된다. 단 청구금액은 신용장 금액을 초과할 수 없다.

따라서 약정수량을 초과해서 인도하는 경우에는 신용장금액의 범위 내에서만 환어음을 발행해야 하며 남은 금액은 매수인과의 협의에 의해 별도로 회수해야 한다.

관세(Customs Duty)

세관에서 부과하는 세금으로서 우리나라에서는 수입품에 대해서만 관세가 부과된다.

관세법

수출입물품의 통관과 관세의 부과 및 징수를 총괄하는 법으로서 수출입물품의 통관을 적절하게 하고 관세수입을 확보함으로써 국민경제의 발전을 도모하는 것을 목적으로 하고 있으며 관세법 시행령을 하위법령으로 두고 있다.

관세사

수출입업체를 대신해서 통관업무를 처리해 주는 업체 또는 사람. 통관업무는 수출입업자가 직접 처리할 수도 있지만 대부분 통관업무에 정통한 관세사에게 맡겨서 처리한다.

관세환급

수입 시 징수한 관세 등을 특정한 요건에 해당하는 경우에 전부 또는 일부를 되돌려 주는 것으로서 착오로 더 많이 징수한 관세를 돌려주는 과오납환급, 계약내용과 상이한 물품 등에 대한 관세환급 및 환급특례법에 의한 수출용원재료에 대한 환급 등이 있다. 일반적으로 관세환급이라고 하면 수출용원재료에 대한 환급을 뜻한다.

같은 원료나 부품을 수입했다 하더라도 해당 원료나 부품을 사용해서 만든 물건을 국내에서 팔면 관세를 환급해 주지 않고 수출한 경우에만 환급해 주기 때문에 수출지원책의 일환이라고 볼 수 있다.

여기서 '관세 등'이라 함은 관세뿐만 아니라 개별소비세, 주세, 교통세 등 수입할 때 납부하는 모든 세금을 뜻한다. 수입할 때는 이들 세금 외에도 부가가치세를 납부하지만 부가가치세는 부가가치세법에 따라 별도로 환급이 되므로 관세환급에는 포함되지 않는다.

환급대상이 되기 위해서는 원재료의 수입신고수리일로부터 2년 이내에 제조·가공하여 제품을 생산한 후 수출한 날로부터 2년 이내에 환급을 신청하여야 한다.

관세환급을 받을 수 있는 수출용원재료라 함은 당해 수출품을 형성하거나 수출품을 형성하는 데 소비되는 것으로서 그 소요량을 객관적으로 산출할 수 있는 원재료를 뜻한다. 따라서 수출품의 생산에 사용되는 기계 및 설비, 공구, 금형, 연료 등은 수출용원재료에 해당되지 않는다.

수출용원재료는 수입할 때 관세를 납부한 물품이라면 물품대금을 지급하는 유환수입물품은 물론 물품대금을 지급하지 않고 수입되는 무환수입물품까지도 환급대상이 될 수 있다.

또한 우리나라에서 제조·가공하지 않고 수입된 상태 그대로 수출한 경우에도 수입할 때 납부한 관세를 환급받을 수 있다.

관세환급금의 산출 방법은 개별환급과 간이정액환급으로 나누어지며 관세법에 의거 수출신고가 수리된 일반 유상수출의 경우 수출자(수출대행 시는 수출위탁자 포함) 또는 수출물품의 제조자 중에서 수출신고필증에 환급신청인으로 기재된 자가 환급신청을 할 수 있다.

교육세(Education Tax)

교육재정의 확충에 필요한 재원을 확보하기 위한 조세로서 귀금속이나 승용차 등과 같이 개별소득세 과세대상 품목을 수입할 때 부과한다.

구매승인서

구매확인서로 명칭이 바뀜.

구매확인서

은행에서 대금지급을 확약하는 내국신용장과 달리 수출자가 국내공급업체로부터 구입한 원료 또는 완제품이 수출용으로 구매한 것이라는 사실만을 확인해 주는 서식이다. 구매확인서는 내국신용장의 발급이 여의치 않을 때, 국내공급업체가 수출실적 인정, 영세율 적용, 관세환급 등과 같은 혜택을 받을 수 있도록 수출자의 거래은행에서 발급해 준다.

물품의 제조 가공 과정이 여러 단계인 경우 각 단계별로 순차적으로 차수 제한 없이 차순위의 구매확인서를 발급받을 수 있다.

구매확인서는 은행에서 대금지급을 확약하지 않기 때문에 국내 공급자와 수출자 간의 대금결제는 당사자 간에 별도로 합의한 방식에 따라 이루어진다.

구매확인서는 전자무역 포털인 유트레이드허브(www.utradehub.or.kr)에서 발급받을 수 있다.

구상무역(Compensation Trade)

수출입 대금의 일부 또는 전부를 상응하는 수입 또는 수출로 상계시키는 방식의 무역거래. 일반적으로 하나의 계약에 의해서 수출입거래가 이루어지며 Back to Back L/C, Tomas L/C, Escrow L/C와 같은 특수신용장을 이용해서 상계방식으로 대금결제가 이루어진다.

국제팩토링 ☞ **팩토링**

국제협력관세(International Cooperation Tariff)

특정국가와의 관세협상에 따른 관세.

기납증 ☞ **기초원재료 납세증명서**

기명식선하증권(Straight B/L)

수하인 난에 수하인을 지정해 놓은 선하증권으로서 결제방식이 송금방식일 때 주로 사용한다. 한편 결제방식이 신용장방식일 때는 Consignee 난에 'to order' 또는 'to the order of 개설은행명'과 같이 수하인을 지정하지 않고 지시식으로 표기한 지시식선하증권Order B/L을 사용한다.

신용장방식의 거래에서 지시식선하증권을 사용하는 이유는 수입자가 신용장대금을 결제하지 않을 경우 개설은행에서 자체적으로 화물을 처분할 수 있도록 하기 위함이다. 즉, 처음부터 Consignee를 수입자로 지정해 놓으면 수입자가 신용장대금을 결제하지 않을 때 은행에서 화물을 처리하는 데 문제가 있으므로 은행의 지시에 따르도록 하는 것이다.

기본관세

수입물품에 원칙적으로 부과되는 관세로서 기본관세율은 국회에서 제정한다.

기초원재료 납세증명서(기납증)

외국에서 수입한 원재료를 가공한 중간원재료를 국내에서 공급받아 수출품을 제조·가공하는 경우 수입신고필증 대신에 제출할

ㄱ

수 있도록 중간원재료의 국내공급업자가 원재료를 수입할 때 납부한 관세 및 내국세의 세액을 증명해 주는 서류.

중간원재료의 제조 과정이 여러 단계일 때는 다음 단계의 중간원재료 생산업체에도 기초원재료납부증명서를 발급해 줄 수 있다.

기탁신용장(Escrow L/C)

수출대금을 수출자와 수입자가 합의한 Escrow 계정에 예치한 후 수출자가 수입자에게 Counter L/C를 발급하고 그 결제자금으로만 인출할 수 있도록 하는 신용장. 연계무역에서 사용되는 신용장이며 일반적인 무역거래에서는 거의 사용되지 않는다.

기한부신용장(Usance L/C)

선적서류 인수 후 일정기간 후에 대금이 결제되는 신용장으로서 예를 들어 'Usance 150 days after sight'라고 하면 선적서류를 인수하고 나서 150일 후에 물품대금을 지급하는 방식을 뜻한다.

Usance L/C는 Usance 기간에 발생하는 이자를 누가 부담하느냐에 따라 Shipper's Usance L/C와 Banker's Usance L/C로 나누어진다. Shipper(수출자)가 이자를 부담하는 것을 Shipper's Usance L/C라고 하고, 개설은행이 이자를 부담하는 것을 Banker's Usance L/C라고 한다. Banker's Usance L/C의 경우 개

설은행에서 개설의뢰인(수입자)에게 이자를 청구하므로 결국 바이어가 이자를 부담하기 때문에 Buyer's Usance L/C라고 부르기도 한다.

수입자의 입장에서 보면 Shipper's Usance L/C의 경우 Shipper가 이자를 부담하므로 Usance 기간 경과 후에 L/C 금액만을 지급하면 되고 Banker's Usance L/C의 경우에는 L/C 금액과 별도로 Usance 기간 동안의 이자를 함께 부담해야 한다.

수출자의 입장에서 보면 Shipper's Usance L/C인 경우에는 Usance 기간이 경과하기를 기다렸다가 L/C 금액 전액을 받을 수도 있고, 매입은행과 별도의 약정을 맺고 물품 선적 직후 Usance 기간에 해당하는 이자를 공제하고 미리 돈을 받을 수도 있다. 어떤 경우든 Usance 기간에 해당하는 이자를 부담해야 하므로 계약금액에 Usance 기간에 해당하는 이자를 반영해야 한다.

Banker's Usance L/C인 경우에는 수입자가 이자를 부담하고 수출자는 At Sight L/C와 마찬가지로 선적 즉시 물품대금 전액을 지급받을 수 있으므로 계약금액에 이자를 반영할 필요가 없다.

Usance L/C는 신용장 본문 42c Draft 난에 '90 days after sight' 또는 '90 days from B/L date' 등과 같이 표기하며 Banker's Usance L/C인 경우에는 다음과 같은 문구가 추가된다.

Beneficiary's draft drawn under this credit must be negotiated on at sight basis. Acceptance commission and discount charges are for the account of applicant.

D/A와 Usance L/C의 차이

수입자의 입장에서 보면 D/A와 Usance L/C 모두 선적서류를 인수한 날로부터 일정기간 후에 대금을 결제하는 일종의 외상수입방식으로서 차이점이 없다. 하지만 수출자의 입장에서 보면 수입자가 대금을 지급하지 않을 경우 D/A 방식에서는 대금을 회수할 방법이 없으나 Usance L/C방식일 경우에는 수입자의 대금지급 여부와 상관없이 개설은행으로부터 대금을 지급받을 수 있다는 점이 다르다.

기한부환어음(Usance Bill of Exchange)

환어음이 제시되고 나서 일정 기간 후에 지급이 이루어지는 어음.

긴급관세(Emergency Tariff)

특정물품의 수입이 증가하여 국내산업의 피해가 우려될 때 부과하는 관세.

깔기(Dunnaging)

한손Sweat, 파손Breakage, 마모손Chafing, 압착손Crushing 또는 선창과의 접촉손Contact 등 물품의 손상을 방지하기 위하여 개개의 물품

밑에 판자Plank, 목재Pieces of Wood, 각재Heavy Dunnage Sleeper 등의 받침대를 대거나 돗자리, 거적, 멍석 등의 매트를 까는 것Matting.

ㄴ

내국신용장(Local L/C)

수출물품을 제조하는 데 필요한 원자재나 완제품을 수출자에게 공급하는 국내공급자 앞으로 발행하는 은행의 지급확약서.

국내공급자는 내국신용장에 명시된 물품을 수출자에게 인도한 후 수출자로부터 물품수령증명서(인수증)를 받아서 은행에 제출하고 물품대금을 지급받는다.

내국신용장은 수출신용장 금액 또는 외국환은행에서 정하는 원자재자금 및 완제품수매자금의 융자한도 범위 내에서 개설할 수 있으며 사전에 개설은행으로부터 내국신용장 개설한도를 부여받아야 한다. 한 건의 수출계약에 대해서 수평적으로 복수의 내국신용장을 개설할 수 있으며 수직적으로는 공급대상물품이 원자재인 경우 2차까지, 완제품인 경우 3차까지 개설할 수 있다.

내국신용장의 금액은 물품금액 전액으로 하며 통상 원화금액을 개설일 현재의 대고객 전신환매입율로 환산한 외화금액을 부기한다. 물품인도기일은 대응수출 또는 물품공급이 원활히 이행되는데 지장이 없는 범위 내에서 책정되어야 하며, 유효기일은 물품인도기일에 최장 10일을 가산한 기일 이내로 하여야 한다. 또한 어음매입 또는 추심을 위한 서류제시기간은 물품수령증명서 발급일로부터 5 영업일 이내이어야 한다. 내국신용장은 전자무역 포털인 유트레이드허브(www.utradehub.or.kr)에서 발급받을 수 있다.

내륙컨테이너기지(ICD: Inland Container Depot)

내륙에 위치한 컨테이너기지로서 항구나 공항과 마찬가지로 컨테이너 화물처리를 위한 시설을 갖추고 수출입화물의 통관, 화물집하, 보관, 분류, 간이보세운송, 관세환급 등 종합물류터미널로서의 기능을 다하는 지역을 뜻한다.

ICD를 이용할 경우 유통기일 축소와 물류비 절감효과는 물론 신속한 통관 및 B/L 발급을 통해서 수출대금의 조기회수가 가능하다. 우리나라에는 경기도 의왕시에 '의왕 ICD'와 경남 양산에 '양산 ICD'가 운영되고 있다.

냉동컨테이너(Refrigerated Container, Reefer Container)

농산물이나 축산물같이 보온 또는 보냉운송이 필요한 화물을 적재하는 컨테이너.

네고(Negotiation)

신용장방식의 거래에서 매입은행이 수출자로부터 환어음 및 선적서류를 매입하고 수출대금을 지급하는 것.

녹색산업 종합보험

수출보험의 일종으로 지원 가능한 특약항목을 녹색산업종합보험 형태로 제정하고, 녹색산업에 해당되는 경우 기존 이용 보험약관에 수출기업이 선택한 특약을 추가하여 우대하는 제도.

농림축산물에 대한 특별긴급관세

농림축산물의 수입이 급증하거나 가격이 급락할 때 부과하는 관세.

농어촌특별세

농·어업의 경쟁력 강화와 농어촌의 산업기반시설의 확충에 필요한 재원을 충당하기 위하여 과세하는 목적세로서 개별소비세 과세 대상 품목을 수입할 때 부과된다.

뉴욕협약(New York Convention)

외국중재판정의 승인 및 집행에 관한 유엔협약United Nations

Convention on the Recognition and Enforcement of Foreign Arbitral Awards으로서 중재판정의 내용은 외국에서도 간단한 집행판결만으로 강제집행할 수 있다는 근거법.

1959년 6월 발효되었고, 전 세계 주요교역국이 가입하였으며, 우리나라에서는 1973년 5월 9일부터 발효되었다.

뉴욕협약의 적용을 받기 위해서는 거래당사자 간에 분쟁발생 시 중재판정에 따른다는 중재합의가 있어야 한다.

단가(Unit Price)

① 일반상품의 경우 물품 하나 또는 하나의 포장 단위당 가격.

② 중량이나 부피로 계산하는 물품의 경우 중량이나 부피당 가격.

단기수출보험

결제기간이 2년 이내인 수출계약을 체결하고 물품을 수출한 후, 수입자(L/C거래의 경우 개설은행)로부터 수출대금을 받을 수 없는 경우의 손실을 보상해 주는 보험.

단독해손(Particular Average)

전체화물의 일부만 멸실되거나 손상된 경우 해당 화물의 피보험자가 단독으로 부담하는 손해를 일컬으며 공동해손 이외의 분손은 모두 단독해손으로 처리한다.

당발환

송금 또는 추심을 의뢰받은 당발은행의 입장에서 보는 송금환.

대도(Trust Receipt)

수입자가 수입대금을 지급하지 않고 개설은행으로부터 선적서류를 인도받아서 수입화물을 처분한 후 그 판매대금으로 수입대금을 결제할 수 있도록 하는 것. 이때 개설은행에서는 수입화물에 대한 수입대금이 결제될 때까지 수입화물에 대한 담보권을 유지한다.

대외무역법

수출입거래를 관리하는 기본법으로서 대외무역을 진흥하고 공정한 거래질서를 확립하여 국제수지의 균형과 통상의 확대를 도모함으로써 국민경제의 발전에 이바지함을 목적으로 한다. 무역업고유번호의 부여, 수출입공고 및 통합공고, 원산지기준 및 판정, 특정거래 형태의 수출입 인정, 산업설비 수출, 수출입질서유지 등과 같은 내용을 담고 있으며 대외무역법시행령 및 대외무역관리규정과 같은 하위법령을 두고 있다.

대위(Subrogation)

보험자가 보험금을 지급하는 대가로 피보험자의 피보험이익에 대한 권리 및 제3자에 대한 권리를 보험자에게 이전하는 것을 뜻하며 이렇게 이전한 권리를 대위권Right of Subrogation이라고 한다.

ㄷ

대응구매(Counter Purchase)

수출액의 일정비율에 해당하는 물품을 대응 수입하겠다는 계약을 체결하고 수출하는 방식의 무역거래. 하나의 계약에 의해 수출입거래가 이루어지는 구상무역과 달리 수출과 수입이 거래내용상으로는 상호 연계되어 있으나 형식상으로는 각각 수출계약 및 대응구매계약이라는 별개의 계약에 의해서 거래가 이루어진다.

대체료(In Lieu of Exchange Commission)

수출입업자가 외화계정을 통해서 거래하는 경우 환전수수료를 징수할 수 없는 은행의 입장에서 외국환매매에 따르는 이익을 얻을 수 없는 것을 보전하기 위해서 징수하는 수수료.

덤핑방지관세(Anti-Dumping Duties)

덤핑수입이 우려될 때 부과하는 관세.

도착지(Destination)

물건이 도착할 곳.

도착통지서(Arrival Notice)

운송인이 통지인Notify Party에게 화물의 도착스케줄을 통보해 주는 서류.

동맹파업위험

동맹파업, 직장폐쇄, 노동분쟁 등으로 인해서 발생하는 위험.

동물검역제도

동물 및 축산물의 수출입 시 가축전염병이 유입되거나 유출되는 것을 방지하기 위하여 시행하는 제도로서 우리나라에서는 가축전염병예방법에 따라 검역이 이루어진다.

검역대상물로 지정된 동물이나 축산물을 수입하기 위해서는 수출국 정부기관에서 발행한 검역증명서를 제출하여야 하며 지정된 장소에서 검역을 받아야 한다.

동시개설신용장(Back to Back L/C)

수익자가 신용장을 받은 날로부터 일정한 기일 내에 수입자에게 Counter L/C를 개설해야 신용장이 유효하다는 조건을 단 신용장으로서 연계무역에서 사용되는 신용장이며 일반적인 무역거래에서는 거의 사용되지 않는다.

ㄷ

드라이컨테이너(Dry Cargo Container)

냉동이나 냉장이 필요 없는 일반화물을 적재하는 컨테이너.

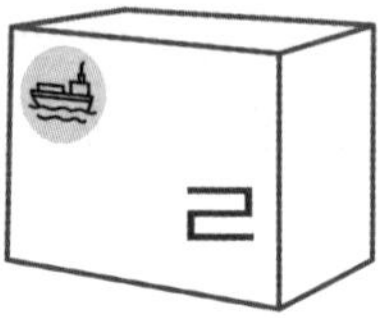

라이브스탁컨테이너(Live Stock Container)

살아 있는 동물을 수송하는 데 사용하는 컨테이너.

랜드브리지(Land Bridge)

무역거래에서 물품을 해상으로 운송한 후 대륙을 횡단하는 철도나 도로를 다리처럼 이용해서 운송함으로써 시간 및 경비를 절약하는 운송방식을 뜻하며 시베리안 랜드브리지SLB: Siberian Land Bridge, 아메리칸 랜드브리지ALB: American Land Bridge, 미니 랜드브리지MLB: Mini Land Bridge, 마이크로 랜드브리지Micro Land Bridge 등이 있다.

시베리안 랜드브리지는 동아시아와 유럽 사이를 잇는 복합운송경로로서 동아시아에서 러시아의 나홋카 보스토치니까지 선박으로 운송한 다음, 시베리아철도로 유럽 또는 서아시아의 목적지로 운송하는 방식이다.

아메리칸 랜드브리지는 동아시아에서 미국 서해안까지 해상운송한 후 대륙횡단철도를 이용하여 미국 동부로 운송하고 이를 다시 해상을 통해 유럽의 목적지까지 운송하는 방식이다.

미니 랜드브리지는 동아시아에서 태평양 연안까지 해상운송한 후 미국 대서양 연안 및 멕시코만의 항구까지 철도로 운송하는 방식이다.

마이크로 랜드브리지는 동아시아에서 태평양 연안까지 해상운송한 후 전 미국의 철도 및 도로망을 이용하여 내륙지역의 목적지까지 운송하는 방식이다.

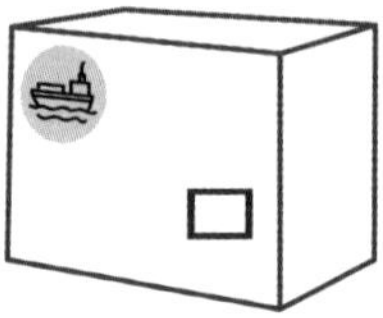

마이크로 랜드브리지(Micro Land Bridge)

동아시아에서 태평양까지 해상운송한 후, 전 미국의 철도 및 도로망을 이용하여 내륙지역의 목적지까지 운송하는 방식.

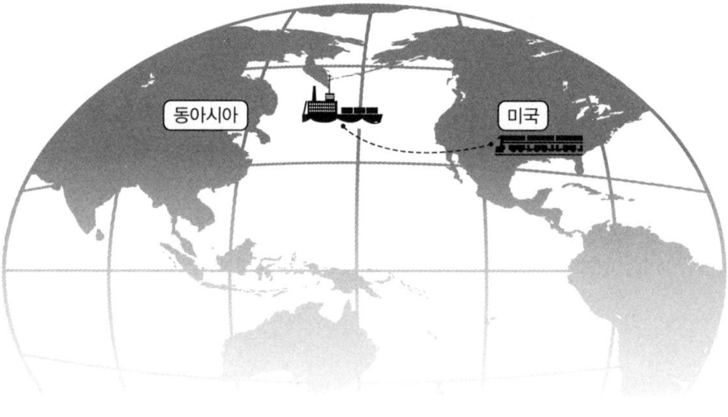

마켓클레임(Market Claim)

시장상황의 악화로 인한 손해를 모면하기 위해서 사소한 문제를 트집 잡아 제기하는 클레임.

매도환

외국환은행에서 외국환을 파는 것.

매매기준율

현물환거래량을 가중 평균하여 산출하는 시장평균환율로서 정부에서 고시하는 환율.

ㅁ

매입(Negotiation)

신용장방식의 거래에서 매입은행이 수출자로부터 환어음 및 선적서류를 매입하고 수출대금을 지급하는 것으로서 실무에서는 흔히 네고라고 한다.

매입신용장(Negotiation L/C)

환어음의 발행인뿐만 아니라 어음의 배서인 및 선의의 소지인에게도 지급을 확약함으로써 수출자가 개설은행이 아닌 제3의 은행을 통해서 수출대금을 지급받을 수 있도록 허용하는 신용장.

통상적으로 수출자는 수입자의 거래은행인 개설은행과 거래관계가 없기 때문에 신용장대금을 개설은행으로부터 직접 수령하는 것보다 자신이 거래하는 은행으로부터 수령하는 것이 편리하다. 이와 같은 수출자의 입장을 감안하여 제3의 은행에 수출자가 발행하는 환어음의 매입을 허용하는 신용장이 매입신용장이다.

매입신용장은 매입은행이 특정은행으로 지정된 매입제한신용장Restricted L/C과 아무 은행에서나 자유롭게 매입할 수 있는 자유매입신용장Open L/C 또는 Freely Negotiable L/C 또는 General L/C으로 나누어진다. 대부분의 신용장은 자유매입신용장으로 개설되며 수출자가 거래하는 은행이 매입은행이 된다.

거래은행과 매입은행 간의 결제와 관련하여 개설은행이 신용장에 명시해 놓은 상환은행을 통해서 신용장대금을 결제하는 신용장을 매입상환신용장Negotiation Reimbursement L/C이라고 하며 매입은행이 추후에 지정하는 결제은행을 통해서 신용장대금을 결제하는 신용장을 매입송금신용장Negotiation Remittance L/C이라고 한다.

매입은행(Negotiation Bank)

수출자로부터 신용장에 명기된 환어음 및 선적서류를 매입하고 수출대금을 지급하는 은행.

매입제한신용장(Negotiation Restricted L/C)

매입은행이 특정은행으로 지정된 L/C.

매입환

외국환은행에서 외국환을 매입하는 것.

면책위험(Exception Clause)

손해에 대한 보험자의 책임이 면제되는 위험으로서 피보험자의 입장에서 보상받을 수 없는 위험을 뜻하며 일반면책위험은 다음과 같다.

ㅁ

① 피보험자의 고의적인 위법행위로 인한 손해

② 화물의 통상적인 누손, 중량 또는 용적상의 손실 및 자연소모

③ 화물의 포장 또는 준비의 불완전 또는 부적합으로 인한 손해

④ 화물의 고유의 하자 또는 성질로 인하여 발생하는 손해

⑤ 항해지연으로 인해 발생하는 손해

⑥ 불법행위에 의한 고의적인 손상 또는 파괴(행위자 불문)

⑦ 선주, 관리자, 용선자 또는 운항자의 파산이나 채무불이행으로 인해 발생하는 손해

⑧ 원자력 및 방사선 관련무기 사용으로 인한 손해

불법행위에 의한 고의적인 손상 또는 파괴는 ICC(A) 조건에서는 면책위험에 포함되지 않는다.

목재포장재 검역제도

수출입화물을 통한 병해충의 유입 및 확산을 막기 위해서 2002년에 목재포장재의 검역에 관한 국제기준이 마련되었으며 우리나라에서는 수입화물의 포장재가 활엽수나 침엽수일 경우 소독처리해야만 수입할 수 있다. 단 합판, 베니어패널, 파티클보드, 배향성 스트랜드 보드, 웨이퍼보드, 섬유판, 고밀도화 목재, 집성재, 응집코르크, 목분, 코르크분, 펄프 등은 제외된다.

소독처리 방법은 HT Heat Treatment: 열처리 또는 MB Methyl Bromide: 훈증 방법을 사용하며 소독처리에 대한 증명으로 소독처리마크를 부착해야 한다.

수출화물에 목재포장재를 사용하는 경우에는 수입국의 목재포장재 수입검역요건에 따라 소독을 하고, 소독작업결과서를 발급받아야 한다. 수입국에서 위생증명서를 요구하지 않는 경우에는 소독처리마크를 표시하여 수출하면 되고, 위생증명서를 요구하는 경우에는 소독작업결과서를 첨부하여 식물검역소에 수출식품검사를 신청하여 소독처리 내용이 부기된 위생증명서를 발급받아야 한다.

무담보신용장(Documentary Clean L/C)

선적서류의 제시 없이 수출자가 발행한 환어음과 상환하여 신용장대금이 지급되는 신용장. 이때 선적서류는 은행을 통하지 않고 수출자가 수입자에게 직접 발송한다.

무담보어음(Clean Bill of Exchange)

선적서류가 첨부되지 않고 환어음만으로 결제가 이루어지는 어음.

무사고선하증권(Clean B/L)

Remark 난에 아무런 하자내용이 기재되지 않은 무사고선하증권. 이와 반대로 운송인이 화물을 인수받았을 때 포장상태나 수량 등에 하자가 있을 경우 추후 책임을 지지 않기 위해서 Remark 난에 하자내용을 기재한 선하증권을 사고선하증권Foul B/L 또는 Dirty B/L 이라고 한다.

사고선하증권은 은행에서 매입을 거절하므로 수출자는 하자내용을 보완한 후 무사고선하증권을 발급받아야 한다. 선적기일 내에 하자보완이 불가능한 경우에는 선박회사에 파손화물보상장L/I: Letter of Indemnity을 제출하고 무사고선하증권을 교부받을 수 있다.

파손화물보상장이란 화물 인수 시 발견된 하자로 인해서 발생하는 화물의 손상에 대해서 화주가 책임을 지며 선박회사는 면책된다는 내용을 기재한 서식으로서 이 서식에 의거 파손화물에 대한 최종 보상책임은 수출자가 부담하게 된다.

무역(International Trade)

서로 다른 나라에서 사업을 운영하는 개인이나 기업 간에 물품 또는 서비스를 사고파는 것. 외국 사람이나 기업과의 거래라도 같은 나라 안에서 이루어지는 거래는 무역거래라고 할 수 없으며, 반대로 같은 나라 사람이나 기업과의 거래라도 서로 다른 나라에서 이루어지는 거래는 무역거래에 포함된다.

국내거래Domestic Trade와 비교했을 때 무역거래International Trade의 가장 큰 특징은 물품이 국경을 넘어서 이동한다는 것이며, 물품이 국경을 넘어서 이동하기 위해서는 반드시 통관 절차를 거쳐야 한다. 통관 절차의 유무야말로 국내거래와 무역거래를 구분할 수 있는 가장 큰 차이라고 할 수 있다.

또한 육상운송이 주가 되는 국내거래와는 달리 무역거래에서는 주로 해상운송이나 항공운송을 통해서 물품이 운송되며 장거리운송에 따르는 사고에 대비하기 위해서 적하보험에 가입해야 한다.

무역의 대상은 유형의 상품뿐만 아니라 형체가 없는 소프트웨어, 문화콘텐츠(영화, 게임, 애니메이션, 만화, 캐릭터 등) 및 서비스, 자본, 노동, 기술 등을 포함한다.

무역금융

무역거래에 필요한 각종 자금을 융자해 주는 것을 뜻하며 수출신용장, 수출계약서 및 내국신용장 등을 기준으로 생산자금, 원자재구입자금, 완제품구매자금 등을 융자해 주는 신용장기준금융, 과거 1년간 수출실적을 기준으로 생산자금, 원자재구입자금, 완제품구매자금 등을 융자해 주는 실적기준금융, 자금 용도 구분 없이 업체별로 한도를 산정하여 융자해 주는 포괄금융, 무역어음의 인수 또는 할인 등이 있다.

ㅁ

무역대리업

외국의 무역업자의 대리인Agent 역할을 수행하는 업종을 뜻하며 누구의 대리인이냐에 따라 오퍼상과 바잉에이전트Buying Agent로 나누어진다.

오퍼상은 외국의 수출업자의 대리인으로서 외국의 수출업자를 대신하여 시장정보 수집, 국내수요처 개발, 오더협상 및 사후관리 등의 역할을 수행하며 바잉에이전트는 외국의 수입업자의 대리인

오퍼상의 어원

오퍼상의 공식명칭은 물품매도확약서발행업자이다. 여기서 물품매도확약서란 수출자가 수입자 앞으로 발행하는 Offer Sheet를 뜻하며, 물품매도확약서발행업자란 외국의 수출업자의 대리인으로서 외국의 수출업자를 대신해서 국내수입업자에게 Offer Sheet를 발행하는 자라는 뜻으로 해석할 수 있다.

으로서 외국의 수입업자를 대신하여 국내공급업체 개발, 오더협상, 품질검사 및 사후관리 등의 역할을 수행한다.

무역대행업

무역대행계약을 체결하고 실제 수출자 또는 수입자를 대신하여 수출입 업무를 처리해 주는 업종을 뜻한다. 실제 수출자나 수입자가 무역 경험이 없거나 은행의 거래한도가 부족한 경우에 무역대행업자가 자기 명의로 수출입거래를 진행하고 무역대행계약에 의거 대행수수료를 지급받는다.

무역보험

적하보험에서 보상해 주지 않는 다양한 위험으로부터 무역업자를 보호하고자 정부차원에서 운영하는 비영리 정책보험으로서 한국무역보험공사(www.ksure.or.kr)에서 취급한다.

무역보험에 가입함으로써 해외거래처의 계약파기, 파산, 대금지급 지연 및 거부와 같은 신용위험, 상대국의 전쟁이나 내란, 정치적 위험이나 환율의 급변동에 따른 손실 발생 시 한국무역보험공사로부터 손해를 보상받을 수 있다.

무역어음

무역업체가 수출품 생산에 필요한 자금을 조달하기 위해서 신용장을 근거로 발행하는 어음. 무역업체는 금융기관과 약정을 맺고 해당 금융기관을 지급인으로 하는 무역어음을 발행해서 할인기관에 할인매각함으로써 필요한 자금을 조달할 수 있다.

ㅁ

무역업

자신이 무역계약의 주체가 되어서 직접 물품을 수출하거나 수입하는 업종.

무역자동화

수출입과 관련된 각종 서류를 수작업으로 처리하는 대신 표준화된 전자문서의 형태로 바꾸어 EDI방식으로 주고받음으로써 시간과 비용을 절약하고 신속정확하게 처리하는 것을 뜻한다.

무역클레임

무역계약의 당사자 중 한쪽에서 계약을 이행하지 않음으로 해서 발생하는 손해를 보상받기 위해서 피해자가 손해배상을 청구하는 권리 또는 그와 같은 권리를 행사하는 것을 뜻한다.

무역클레임은 다양한 계약조건을 대상으로 제기되지만 가장 대표적인 것이 수출자가 선적한 물품의 품질이나 수량에 이상이 있는 경우다. 수입자의 입장에서 물품이 도착하면 가급적 빨리 물품을 검사해서 이상이 있으면 즉시 수출자에게 통지하고 손해배상을 청구해야 한다.

무역클레임의 제기기간은 나라마다 다르고 애매하게 규정되어 있는 경우가 많으므로 중요한 무역거래에 대한 계약을 체결할 때는 별도로 명시해 두는 것이 좋다.

물물교환(Barter Trade)

서로 물품대금을 지급하지 않고 물품을 1대1로 주고받는 방식의 무역거래.

물품매도확약서(Offer Sheet)

매도인이 매수인에게 물품의 명세나 가격조건, 결제조건 등을 명시하여 발행하는 서식.

미니 랜드브리지(MLB: Mini Land Bridge)

동아시아에서 태평양 연안까지 해상운송한 후, 미국 대서양 연안 및 멕시코만의 항구까지 철도로 운송하는 방식.

미입금수수료(Less Charge)

신용장방식의 거래에서 환어음의 매입 시 매입은행에서 예상치 못했던 수수료가 해외은행으로부터 징수된 경우에 수출자로부터 추징하는 수수료.

ㅁ

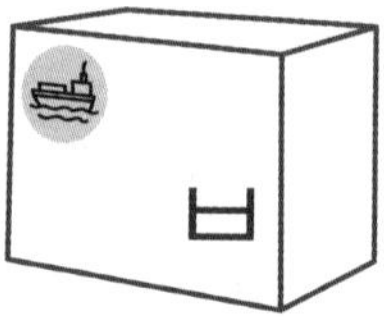

바잉오피스(Buying Office)

외국의 수입업자를 대신해서 국내공급업체 개발, 오더협상, 품질검사 및 사후관리 등의 역할을 수행하는 무역에이전트로서 바잉에이전트Buying Agent라고도 부른다.

바지선(Lighter)

대형선박을 접안할 수 없는 상황에서 본선에 화물을 싣거나 본선에서 화물을 내릴 때 사용하는 바지선.

바터무역(Barter Trade)

서로 물품대금을 지급하지 않고 물품을 1대1로 주고받는 방식의 무역거래.

반환지연료(Detention Charge)

컨테이너를 정해진 기간 내에 반납하지 않을 때 지연된 반납에 대한 피해보상 명목으로 선박회사에서 화주에게 부과하는 비용.

발행인(Drawer)

환어음을 발행하고 서명하는 자로서 채권자를 뜻하며 일반적인 무역거래에서는 수출자가 발행인이 된다. 환어음의 효력이 발생하기 위해서는 반드시 발행자의 서명이 있어야 한다.

ㅂ

배서(Endorsement)

선하증권이나 보험증권의 권리를 제3자에게 양도하기 위해서 증권의 뒷면에 서명하는 것.

백지배서(Blank Endorsement)

선하증권이나 보험증권과 같은 유가증권의 권리를 양도할 때 권리를 양도받을 대상을 기재하지 않고 배서하는 것.

통상적으로 신용장방식의 거래에서 수출자가 선하증권과 보험증권을 은행에 제출하기 전에 백지배서함으로써 개설의뢰인(수입자)이 신용장대금을 결제하지 않으면 은행에서 제3자에게 물건을 인도할 수 있도록 한다.

벌크 운송(Bulk Transportation)

광물이나 곡물 등과 같이 컨테이너에 적재할 수 없는 화물을 야적상태로 운송하는 방식.

벌크화물(Bulk Cargo)

광물이나 곡물 등과 같이 컨테이너에 적재할 수 없어서 야적상태로 운송해야 하는 화물.

병행수입(Parallel Import)

국내독점판매권을 갖고 있지 않은 일반 수입업체가 외국에서 적법하게 유통되는 상품을 국내로 들여오는 것. 세계적인 유명브랜드 제품을 본사로부터 수입하지 않고 현지의 도매업체나 유통업체로부터 수입하는 것이 이에 해당된다. 우리나라에서는 수입공산품의 가격 인하를 유도하기 위해 1995년 11월부터 일부 예외규정을 두고 병행수입을 허용하고 있다.

해당 물품의 상표가 상표권자나 사용권자에 의해 적법하게 부착된 진정상품이어야 하고, 해당 물품에 부착된 상표의 국내외 상표권자가 동일인 관계에 있거나 외국의 상표권자가 동일인 관계에 있는 국내상표권자로부터 전용사용권을 설정받고 있어야 한다.

상표권의 국내전용사용권을 가지고 있는 자가 수입은 하지 않고 제조·판매만 하는 경우에는 병행수입이 허용되지 않는다.

병행수입제품은 정상적인 통관 절차를 거쳐 수입하는 것이므로 불법적으로 수입유통되는 위조품이나 밀수품과는 구분된다.

보복관세(Retaliatory Duties)

교역상대국의 부당한 조치에 대항하기 위하여 부과하는 관세.

보세건설장(Bonded Construction Site)

산업시설의 건설을 위하여 수입한 기계류 설비품 또는 공사용 장비를 장치·사용하여 건설공사를 할 수 있는 장소.

보세공장(Bonded Factory)

외국물품 또는 외국물품과 내국물품을 원료로 하여 제조 및 가공, 기타 이에 유사한 작업을 하는 구역.

보세구역(Bonded Area)

외국물품과 일정한 내국물품에 대하여 관세법에 의하여 관세의 부과가 유보되는 구역으로서 보세창고, 지정장치장, 보세공장, 세관검사장, 보세전시장, 보세건설장, 보세판매장, 종합보세구역 등이 있다.

보세운송(Bonded Transportation)

수출신고를 마친 수출품이나 수입신고를 하기 전의 수입품을 운송하는 것.

보세운송 구간운송비(Drayage Charge)

LCL 화물을 CY에서 CFS까지 이동하거나 CFS에서 CY까지 이동할 때 부과하는 구간운송비.

보세전시장(Bonded Display Area)

국제전시회의 운영을 위하여 외국물품을 장치·전시 또는 사용할 수 있는 장소.

보세제도(Bonded System)

외국물품에 대한 관세의 징수를 일정기간 유보하는 제도로서 수입신고 미필상태의 물품을 집중관리함으로써 통관질서를 확보하고, 관세부담 없이 외국물품을 반입한 후 국내외 시장 수요에 따라 적시 반출할 수 있도록 하며, 수출보세공장을 지원해 주기 위해서 운영하는 제도이다. 보세제도는 크게 보세구역제도와 보세운송제도로 나누어진다.

보세창고(Bonded Warehouse)

외국물품 또는 통관을 하고자 하는 물품을 일시적으로 보관하기 위한 장소로서 세관장의 특허를 받아 운영된다.

보세창고도거래(BWT: Bonded Warehouse Transaction)

수출자가 자신의 위험과 비용으로 수입국의 보세창고에 물품을 입고시키고 수입통관 절차를 밟지 않은 상태에서 현지에서 판매하는 거래방식.

ㅂ

보세판매장(Duty Free Shop)

외국으로 반출하거나 관세를 면제받을 수 있는 자가 사용할 것을 조건으로 외국물품을 판매할 수 있는 장소.

보증신용장(Standby L/C)

물품거래와 상관없이 순수한 보증목적으로 사용되는 신용장으로서 해외지사의 현지금융을 보증하거나 국제입찰 시 계약보증금, 이행보증금 등을 조달하는 데 이용한다.

보통품질조건(USQ terms: Usual Standard Quality)

해당 상품을 관장하는 공인기관에서 보통품질이라고 판정하는 물품을 인도하기로 약정하는 것으로서 인삼이나 오징어, 원면 등의 거래에 사용된다.

보험계약자(Policy Holder)

보험료를 지급하고 보험회사와 보험계약을 체결한 당사자.

보험금(Claim Amount)

보험회사에서 피보험자에게 지급하는 보상금.

보험금액(Insured Amount)

보험계약금액으로서 사고발생 시 보험자가 부담하는 손해배상책임의 최고한도액이며 통상 CIF 금액에 10%의 희망이익을 추가한 금액이다.

보험료(Insurance Premium)

보험에 가입하기 위해서 보험계약자가 보험자에게 지불하는 대금.

보험자(Insurer, Assurer)

보험계약의 당사자로서 통상 보험회사를 뜻한다.

보험증권(Insurance Policy)

보험계약을 체결한 증빙으로 보험자가 보험계약자에게 발급하는 증서.

복합운송(Combined Transport, Multimodal Transport)

하나의 운송계약에 의거 서로 다른 두 가지 이상의 운송수단을 사용하여 화물을 목적지까지 운반하는 것. 복합운송계약에 의거 전 계약구간의 복합운송을 총괄하는 자를 복합운송인이라고 한다.

ㅂ

복합운송주선업자(Forwarder)

운송과 관련된 모든 업무를 일괄해서 대행해 주는 업체. 무역업체를 대신해서 컨테이너를 수배하고 선박회사나 항공사와의 예약업무에서부터 운송이 완료되기까지의 모든 업무를 처리해 주고 수수료를 받는다.

본선인수증(M/R: Mate's Receipt)

일등항해사가 화물수령의 증거로 발행하며 화물이 아무런 이상 없이 선적이 완료되었다는 것을 확인하는 서식이다. 선적은 완료되었으나 화물에 이상이 있음이 확인되었을 때는 이를 비고란에 기재한다.

본선적재선하증권(On Board B/L)

화물이 본선에 적재되었음을 나타내는 선하증권. 한편 화물을 부두창고나 부두장치장 등에서 인수하여 선박에 적재되기 전에 발행한 B/L은 수취선하증권Received B/L이라고 하며 은행으로부터 매입을 거절당할 수 있다.

본오더(Main Order)

시험오더해서 시장에 판매해 본 결과, 시장성이 확인된 물건을 본격적으로 주문하는 것.

부가조건

보상범위가 제한적인 ICC(B), ICC(C), FPA, WA 약관으로 보험에 가입할 때 해당 약관에서 보상해 주는 위험에 추가하여 가입할 수 있는 조건으로서 그 내역은 다음과 같다.

① 도난 및 미도착의 위험(Theft, Pilferage and Non-Delivery: TPND)

② 빗물 및 담수의 위험(Rain and/or Freshwater Damage: RFWD)

③ 갈고리에 의한 위험(Hook & Hole)

④ 기름 및 다른 화물과의 접촉의 위험(Contact with Oil & Other Cargo: COOC)

⑤ 굴곡의 위험(Bending and/or Denting)

⑥ 파손의 위험(Breakage)

⑦ 누손 및 중량부족의 위험(Leakage and/or Shortage)

⑧ 땀과 열의 위험(Sweat and/or Heating)

⑨ 쥐나 해충의 위험(Rat and/or Vermin)

⑩ 곰팡이의 위험(Mildew and Mould)

⑪ 녹의 위험(Rust)

⑫ 오염의 위험(Contamination)

ㅂ

부두사용료(Wharfage)

항만운영업자가 부두의 유지, 개조를 위하여 사용자로부터 징수하는 비용.

부두수취증(D/R: Dock Receipt)

컨테이너 화물을 부두에서 수령했다는 증거로 발행하는 서류.

부선료(Lighterage)

화물을 본선에 싣거나 본선에서 내릴 때 바지선Lighter을 사용하고 내는 요금.

부정기선(Tramper)

정해진 항로를 정기적으로 운항하는 정기선과는 달리 화주와 선박회사가 체결하는 용선계약에 따라 화주가 원하는 시기와 항로에 따라 화물을 운송하는 선박.

주로 곡물이나 광물과 같은 대량화물을 수송대상으로 하고 운임은 운송계약 체결 당시의 수요와 공급에 따라 결정된다.

부품·소재신뢰성보험

부품·소재 신뢰성을 획득한 부품·소재 또는 부품·소재 전문기업이 생산한 부품·소재가 타인에게 양도된 후 부품·소재의 결함으로 인하여 발생된 사고에 대하여 보험계약자가 부담하는 손해배상책임을 담보하는 보험으로서 한국무역보험공사에서 운영한다.

분손(Partial Loss)

화물의 일부만이 손상을 입는 경우로서 전손이 아닌 손해는 모두 분손으로 간주하며 단독해손과 공동해손으로 나누어진다.

분할선적(Partial Shipment)

물품을 한꺼번에 싣지 않고 두 차례 이상 나누어 싣는 것으로서 공급자의 재고부족이나 수입자의 판매계획에 따라 여러 차례에 나누어 선적하는 것이 바람직할 때 허용된다.

분할증명서(분증)

외국에서 수입한 원료를 제조·가공하지 않고 수입한 그대로 수출용원재료로 국내에서 공급하는 경우 해당 원료를 수입할 때 납부한 관세 등의 세액을 증명하는 서류.

분할증명서는 하나의 수입신고필증 또는 기초원재료납세증명서로 둘 이상의 환급기관에서 동시에 환급을 받을 경우, 기초원재료납세증명서를 발급받기 위한 경우, 수입 또는 국내거래로 공급받은 원재료의 전부 또는 일부를 추가적으로 가공하지 않고 원상태 그대로 수출용원재료로 공급하는 경우에 발급한다.

분할증명서에는 수입신고필증을 분할하였음을 증명하는 수입신고필증분할증명서(수입분증), 기초원재료납세증명서를 분할하였음을 증명하는 기초원재료납세증명분할증명서(기납분증), 평균세액증명분할증명서(평세분증) 등이 있다.

불내항성 및 부적합성 면책위험

선박이 항해하거나 컨테이너 또는 지게차가 화물을 운송하는데 부적합한 사유로 인해서 발생하는 면책위험.

ㅂ

비엔나협약(Vienna Convention)

공식명칭은 United Nations Convention on Contracts for the International Sale of Goods(CISG: 국제물품매매에 관한 유엔협약)이다.

모든 국제물품매매계약에 공통적으로 적용되는 무역계약의 기본법으로서 매도인과 매수인의 권리와 의무에 관한 규정을 담고 있다. 본 협약은 1980년 3월에 UN에서 채택되어 1988년 1월 1일 발효되었으며, 우리나라는 2004년에 가입하고, 2005년 3월 1일 발효되었다.

총 4편 101조로 구성되었으며 기본원칙, 청약과 승낙, 매도인과 매수인의 의무, 계약위반과 계약해제를 포함한 구제수단 및 위험 이전 등에 대해서 규정하고 있다.

국제물품매매계약에만 적용되며 용역이 주된 대상인 거래(가공무역 등)에는 적용이 배제된다.

비활성신용장(Non Operative L/C)

수익자의 Performance Bond가 있어야만 활성화되는 신용장.

사고선하증권(Dirty B/L, Foul B/L, Unclean B/L)

Remark 난에 화물의 포장상태나 수량 등에 하자가 있음이 기재된 선하증권.

사고선하증권은 은행에서 매입을 거절하므로 수출자는 하자내용을 보완한 후 무사고선하증권Clean B/L을 발급받아야 한다. 선적기일 내에 하자보완이 불가능한 경우에는 선박회사에 파손화물보상장L/I: Letter of Indemnity을 제출하고 Clean B/L을 교부받을 수 있다.

파손화물보상장이란 화물 인수 시 발견된 하자로 인해서 발생하는 화물의 손상에 대해서 화주가 책임을 지며 선박회사는 면책된다는 내용을 기재한 서식으로서 이 서식에 의거 파손화물에 대한 최종 보상책임은 수출자가 부담하게 된다.

사전송금방식(T/T in Advance)

물건이 선적 또는 인도되기 전에 미리 물품대금을 송금하는 방식으로서 ① 수출자와 수입자 간의 계약 ② 수출자의 은행계좌로 물품대금 송금 ③ 수출자가 물품을 선적하고 선박회사로부터 B/L 수취 ④ 수입자에게 서류 송부 ⑤ 수입자가 선박회사에 B/L 제시하고 물품을 인수하는 방식으로 업무가 진행된다.

사전송금방식의 거래는 ②번까지만 진행되고 끝날 수 있다. 즉, 수입자가 미리 대금을 송금했는데도 수출자가 물품을 선적하지 않는 경우다. 이런 경우 수입자로서는 대금만 지급하고 물건을 받을 수 없게 되므로 가장 위험한 결제방식이며 반대로 수출자에게는 가장 안전한 결제방식이라고 할 수 있다.

사전송금방식은 거래금액이 작거나 수출자의 신용이 확실한 경우에 제한적으로 사용되며 거래금액이 크거나 수출자의 신용이 불확실한 경우에는 사용하기가 곤란한 결제방식이다.

사후송금방식

물건이 선적되거나 인도된 후에 물품대금을 송금하는 방식으로서 ① 수출자와 수입자 간의 계약 ② 수출자가 물품을 선적하고 선박회사로부터 B/L 수취 ③ 수출자가 수입자에게 서류 송부 ④ 수입자가 선박회사에 B/L 제시하고 물품 인수 ⑤ 수입자가 수출자의 은행계좌로 물품대금을 송금하는 방식으로 업무가 진행된다. 구체적인 송금시점은 계약을 체결할 때 바이어와 셀러 간에 합의하며 '30 days after B/L date', '60 days after invoice date' 등과 같이 표시한다.

사후송금방식의 거래는 ④번까지만 진행되고 끝날 수 있다. 즉, 수입자가 물건을 인수한 후 약속한 날짜에 물품대금을 송금하지 않는 경우다. 이런 경우 수출자로서는 물건을 돌려받을 수도 없고 물품대금도 받을 수 없으므로 가장 위험한 방식이며 반대로 수입자에게는 가장 안전한 방식이라고 할 수 있다.

사후송금방식이 수출자로서는 위험한 방식임에 틀림없으나 수입자와의 관계를 고려하여 받아들일 수밖에 없는 결제방식이기도 하다. 즉, 처음에는 신용장방식으로 거래를 시작했더라도 거래가 지속되면 자연스럽게 수입자가 사후송금방식의 거래를 요구하기 마련이어서 수출자로서는 거래 관계를 유지하기 위해서 사후송금방식을 받아들여야 하는 상황에 처하게 된다.

수출자의 입장에서 사후송금방식으로 수출한 후 수출대금을 받지 못하는 위험에 대비하기 위해서는 한국무역보험공사에서 운영하는 수출보험에 가입할 필요가 있다. 수출보험이란 미수금을 비롯하여 수출거래 시 발생하는 위험으로부터 수출자를 보호하기 위해서 운영되는 보험으로서 한국무역보험공사의 심사를 거쳐 보험에 가입할 수 있으며 수출보험에 가입한 후에 미수금 발생 등의 손해가 발생할 경우 한국무역보험공사로부터 보상을 받을 수 있다.

상계관세(Compensation Duties)

교역상대국에서 보조금을 지급받은 물품이 저가로 수입될 우려가 있을 때 부과하는 관세.

상업송장(Commercial Invoice)

물품명세서와 대금청구서의 역할을 하는 서식으로서 수출자가 작성한다.

수출입통관 과정에서 세관은 해당 물건이 외국으로 나가도 되는지 또는 외국에서 들여온 물건이 국내로 들어와도 되는지를 심사해야 하는데 세관의 입장에서 일일이 직접 물건을 확인할 수가 없기 때문에 원칙적으로 서류심사를 하게 된다.

이때 서류심사를 하기 위해서는 해당 물건이 어떤 물건이라는 것을 확인하기 위해서 물품명세서가 필요한데 이런 역할을 하는 서류가 바로 상업송장이다. 따라서 상업송장이 없으면 통관이 되지 않기 때문에 B/L과 더불어서 무역서식 중에 가장 중요한 서식 중의 하나라고 할 수 있다.

또한 상업송장은 은행이나 수입자에게 얼마를 달라고 요구하는 대금청구서의 역할을 한다.

상업송장은 정해진 양식이 없지만 물품확인서와 대금청구서의 역할을 해야 하기 때문에 품명Description, 수량Quantity, 단가Unit Price,

총액Amount 및 FOB나 CIF와 같은 거래조건Trade Terms 등을 명시해야 한다.

상환은행(Reimbursement Bank)

신용장개설은행의 예치환거래은행으로서 개설은행의 지시에 따라 매입은행에 신용장대금을 지급해 주는 은행.

매입은행이 개설은행과 거래 관계가 없을 경우 제3의 은행을 통해서 수출대금의 상환이 이루어지도록 하는데 이러한 역할을 하는 은행을 상환은행이라고 하며 결제은행Settling Bank이라고도 한다.

상환청구가능신용장(With Recourse L/C)

매입은행이 수익자로부터 서류를 매입하였으나 개설은행에서 대금지급을 거부할 경우 매입은행에서 수익자에게 이미 지급한 대금을 돌려달라고 요구할 수 있는 신용장.

이와 반대로 일단 매입은행에서 서류를 매입하면 개설은행에서 대금을 지급하지 않더라도 수익자에게 이미 지급한 대금을 돌려달라고 요구할 수 없는 신용장을 상환청구불가능신용장Without Recourse L/C이라고 한다.

우리나라에서는 어음법에 의거 매입은행의 상환청구권을 인정하고 있다.

상환청구불가능신용장(Without Recourse L/C)

일단 매입은행에서 서류를 매입하면 개설은행에서 대금을 지급하지 않더라도 수익자에게 이미 지급한 대금을 돌려달라고 요구할 수 없는 신용장. 우리나라에서는 어음법에 의거 매입은행의 상환청구권을 인정하고 있다.

샘플오더(Sample Order)

수입판매 가능성을 타진하고 시장조사의 목적으로 소량의 물건을 주문하는 것.

서류발급비(Documentation Fee)

선박회사가 일반관리비를 보전하기 위해서 수출 시에는 선하증권을 발급할 때, 수입 시에는 화물인도지시서를 발급해 줄 때 징수하는 비용.

서비스종합보험(기성고·연불방식)

국내 수출업체가 시스템통합SI, 기술서비스, 콘텐츠, 해외엔지니어링 등의 서비스 거래를 수출하고 이에 따른 지출비용 또는 확인대가를 회수하지 못함으로써 입게 되는 손실을 보상해 주는 보험.

서비스종합보험(일시결제방식)

국내에 주소를 둔 기업이 외국기업에 운송, 관광 등의 서비스를 제공하고 서비스 제공 상대방으로부터 서비스대금을 지급받지 못하게 됨으로써 발생하는 손실을 보상해 주는 보험.

선대신용장(Red Clause L/C)

신용장개설의뢰인의 요청에 따라 수출업자에게 수출대금의 일부 또는 전부를 선적서류 제출 이전에 미리 지급받을 수 있도록 허용하는 신용장.

ㅅ

선박보험(Hull Insurance)

선박이 건조·항해·수리·정박 중에 발생하는 멸실이나 파손으로 인해 발생하는 선박의 손해 및 배상책임으로 인한 손해를 보상해 주는 보험.

선복신청서(S/R: Shipping Request)

선박회사에 화물을 선적할 공간을 요청하는 서류.

선수금(Advance Payment)

물품이 선적되기 전에 지급하는 물품대금.

선적(Loading)

화물을 선박에 적재하는 것.

선적서류(Shipping Documents)

선적사실을 확인하고 물품을 찾을 수 있도록 수출자가 수입자에게 보내주는 서류로서 상업송장Commercial Invoice, 포장명세서Packing List, 선하증권Bill of Lading 등이 있다.

선적조건(Terms of Shipment)

무역거래에서 물품의 선적과 관련한 제반 조건을 정하는 것을 뜻하며 운송방식, 선적항, 도착항, 선적시기, 분할선적 및 환적 허용 여부 등을 포함한다.

여기서 운송방식이란 물품을 해상으로 운송할지, 항공으로 운송할지를 정하는 것이며 선적항Shipping Port과 도착항Destination에 따라 운송비와 운송기간이 달라지므로 어디서 선적하고 어디까지 운송할지도 정해두어야 한다.

또한 선적시기Shipment Date는 물품을 언제 선적할지를 정하는 것으로서 통상 최종선적기일Latest Date of Shipment을 정하고 해당 기일 내에 물품을 싣도록 한다.

분할선적Partial Shipment이란 물품을 2회 이상 나누어 싣는 것을 뜻하며 재고가 없거나 계약물량 전량을 준비하는 데 시간이 많이 걸릴 경우에 수입자의 양해 하에 이루어진다.

환적Transshipment이란 물품을 운송하는 도중에 중간기착지에서 다른 선박이나 운송수단에 옮겨서 싣는 것을 뜻한다. 환적은 수출국과 수입국 간에 정기운송항로가 없거나 자주 운항하지 않는 경우 또는 운송 도중 운송수단이 바뀌는 경우에 이루어진다.

선적지시서(S/O: Shipping Order)

선박회사에서 화물을 선박에 적재하여 목적지까지 운송할 것을 선장에게 지시하는 서류.

ㅅ

선적통지(Shipping Notice)

수출자가 수입자에게 선적스케줄을 통보하는 것.

선적품질조건(TQ: Tale Quale)

곡물과 같이 선적 시와 양륙 시의 품질이 달라질 가능성이 있는 경우 품질검사의 기준시기를 선적 시로 하는 조건.

선적항(Shipping Port)

물건이 선적되는 항구.

선지급(Advance Payment)

물품이 선적되기 전에 물품대금을 지급하는 것.

선하증권(B/L: Bill of Lading)

해상운송계약에 따라 화물을 인수하고 증권에 기재된 조건에 따라 운송하며 지정된 목적항에서 증권의 정당한 소지인에게 화물을 인도할 것을 약정하는 유가증권.

수출자는 물건을 선적한 후 선박회사 또는 포워더로부터 선하증권을 발급받아서 은행을 통하거나 직접 수입자에게 보내주고, 수입자는 물건 도착 후 선박회사에 선하증권 원본을 제출하고 화물을 인수한다.

선화증권 ☞ **선하증권**

세관검사장

통관을 하고자 하는 물품을 검사하는 장소로서 세관장이 지정하는 장소.

소량화물(LCL: Less than Container Load)

단독으로 컨테이너를 채울 수 없어서 다른 화주의 화물과 함께 실어야 하는 소량화물을 뜻하며 화물의 부피를 기준으로 CBM당 운임이 부과된다.

소송(Litigation)

사법기관의 판결에 의하여 무역클레임을 강제적으로 해결하는 방법.

소요량

수출품을 생산하는 데 소요되는 원재료의 양을 뜻하며 생산 과정에서 정상적으로 발생하는 손모량을 포함한다.

ㅅ

소요량계산서

관세환급을 위한 소요량 확인을 위해서 환급신청자(수출자 또는 제조자)가 관세청장이 정한 기준과 절차에 따라 수출품에 소요된 원재료의 소요량을 자율적으로 산정하는 기업자율소요량제도를 운영하고 있는데 이를 위해 환급신청자가 발행하는 서식.

소요량제도

대외무역법상의 소요량제도와 관세 등 환급특례법상의 소요량 제도로 나누어진다. 대외무역법상의 소요량제도는 수입제한품목을 외화획득용 원료 등으로 수입한 경우 대응수출이행 여부를 확인하기 위한 목적으로 사용되며, 관세 등 환급특례법상의 소요량 제도는 수출품 생산에 소요된 원재료의 양을 확인함으로써 신속하고 적정한 환급이 이루어지도록 하는 데 목적이 있다.

소요량증명서

무역금융이나 관세환급을 받기 위해서 수출품을 생산하는 데 필요한 원자재의 양을 확인하여 발급하는 증명서.

송금방식(T/T)

물품대금을 은행을 통해서 상대방 계좌로 송금하는 방식. 은행 계좌로 돈을 보내고 받는 절차는 국내에서 계좌이체하는 것과 다를 바 없다. 다만 외화로 들어오고 나가기 때문에 환전 과정을 거친다는 것만 다르다. 송금방식으로 수입하려면 공급자에게 은행명과 계좌번호를 알려달라고 해서 해당 계좌로 돈을 보내면 되고 수출의 경우에는 수입자에게 자신이 거래하는 은행명과 계좌번호를 알려주면 된다.

현재 전 세계 무역거래에서 가장 많이 사용하는 결제방식으로서 돈을 보내고 받는 것은 간편하지만 문제는 언제 돈을 보내느냐 하는 것이다. 수출자는 자신을 믿고 돈을 먼저 보내라고 하고 수입자는 자신을 믿고 물건을 먼저 보내면 물건을 받는 즉시 돈을 보내겠다고 우기기 십상이다.

돈을 먼저 보내는 방식을 사전송금방식이라고 하고 영어로는 'T/T in advance'라고 표기한다. 사전송금방식에 의거 돈을 미리 보냈다가 수출자가 물건을 싣지 않으면 수입자는 돈을 떼이게 되므로 수입자에게 상당히 불리한 방식으로서 소액의 샘플거래에 제한적으로 사용된다.

반대로 물건을 받은 후에 돈을 보내는 방식을 사후송금방식이라고 하며 영어로는 'T/T 30 days from B/L date' 등과 같이 표기한다. 사후송금방식의 경우 수입자는 물건을 받은 후에 돈을 보내기 때문에 안전하지만 수출자는 물건을 보냈다가 수입자가 돈을 보내지 않으면 수출대금을 회수하기가 곤란해진다. 하지만 전 세계적으로 무역거래에서 가장 많이 사용하는 방식이 사후송금방식이다. 거래가 어느 정도 이루어지고 나면 수입자 쪽에서 자연스럽게 외상거래를 요청하기 때문이다.

수출자는 어느 시점에 사후송금방식의 거래에 응할지를 결정해야 하는데 수입자를 다른 경쟁업체에 뺏기지 않으려면 울며 겨자먹기로 수입자의 외상거래 제안을 받아들일 수밖에 없다. 이때 대금 미회수로 인한 위험에 대비하기 위해서 한국무역보험공사에서 운영하는 수출보험에 가입하는 것이 바람직하다.

송금환(Remittance Bill)

채무자인 수입자가 채권자인 수출자에게 물품대금을 지급하기 위해서 은행에 송금을 의뢰하는 방식. 한편 채권자인 수출자가 은행에 추심을 의뢰하여 물품대금을 회수하는 방식을 추심환이라고 한다.

수량조건(Terms of Quantity)

사고팔 물품의 수량을 정하는 것이며 무역서식에서는 'Quantity'라고 표기한다. 수량을 정할 때는 물품의 특성이나 포장단위에 따라 Ea, Pcs, Box, Set, Kg, Ton 등으로 표시하며 수출자의 입장에서 최소한의 수량을 정할 필요가 있을 때는 최소주문수량Minimum Quantity을 명시하기도 한다.

중량을 톤으로 표시할 때는 다음과 같이 나라마다 기준이 다른 것에 유의해야 한다.

L/T Long Ton, English Ton = 2,240lbs = 1,016kgs

S/T Short Ton, American Ton = 2,000lbs = 907kgs

M/T Metric Ton, French Ton = 2,204lbs = 1,000kgs

수량할인(Quantity Discount)

주문량이 일정수준 이상일 경우 가격을 할인해 주는 것.

수익자(Beneficiary)

신용장에 의거해 수출을 이행하고 은행으로부터 신용장대금을 지급받는 수출자.

수입면장

수입신고필증의 예전 명칭.

ㅅ

수입보험

사전송금방식의 거래에서 수입자가 수입대금을 송금한 후 물품을 받지 못함으로써 발생하는 손실을 보상해 주는 보험. 다만 대상품목이 철, 동, 아연, 석탄, 원유 등 주요자원, 첨단제품, 외화획득용 원료 등으로 국한되어 있어서 일반상품의 경우에는 수입보험의 혜택을 받을 수 없다.

수입신고(Import Declaration)

외국으로부터 수입하는 물건의 명세와 거래조건 등을 세관장에게 서면으로 신고하는 것.

수입신고필증

세관장이 수입자에게 수입이 허가되었음을 증명해 주는 서류.

수입신고필증분할증명서

수입신고필증을 분할하였음을 증명하는 서류로서 수입분증이라고도 부른다.

수입화물선취보증서(L/G: Letter of Guarantee)

수입자와 신용장개설은행이 연대하여 선박회사에 선하증권 원본이 도착되는 대로 이를 제출할 것과 선하증권 원본 없이 물품을 인도받는 데 따른 모든 문제에 대해서 선박회사에 책임을 지우지 않겠다고 보증하는 서류.

일본, 대만, 중국 등과 같은 인접국가의 거래처와 신용장방식으로 거래하면 화물보다 B/L 원본이 늦게 도착할 가능성이 높다. 따라서 수입자의 입장에서는 이미 화물이 도착했는데도 불구하고 B/L 원본이 도착하지 않아서 화물을 인수할 수 없는 문제에 봉착하게 된다.

이런 문제를 해결하기 위해서 사용하는 것이 수입화물선취보증서이며, 수입자는 선박회사에 수입화물선취보증서를 제출하고 화물을 인수한다.

수출가격표(Export Price List)

수출품의 가격을 모아서 표로 만든 것으로서 상품별로 단가Unit Price와 FOB나 CIF와 같은 거래조건Trade Terms을 표시한다.

수출기반보험(선박)

금융기관이 국적외항선사 또는 국적외항선사의 해외현지법인(SPC 포함)에 상환기간 2년 초과의 선박 구매자금을 대출하고 대출 원리금을 회수할 수 없을 때 발생하는 손실을 보상해 주는 보험.

ㅅ

수출기반보험(제조설비)

금융기관이 수출중소중견기업에 시설자금을 대출하고 원리금을 회수하지 못하게 된 경우에 발생하는 손실을 보상해 주는 보험.

수출면장

수출신고필증의 예전 명칭.

수출보증보험

금융기관이 수출거래와 관련하여 수출보증서를 발행한 후 수입자(발주자)로부터 보증채무 이행청구를 받아 이를 이행함으로써 입게 되는 금융기관의 손실을 보상해 주는 보험.

수출보험

수출거래에서 발생하는 다양한 위험 중에서 수출대금 미회수나 환률 하락으로 인한 손해 등 적하보험에서 보상해 주지 않는 위험으로 인한 손실을 보상해 주는 보험.

수출보험은 인수방식에 따라 개별보험과 포괄보험으로 나누어진다. 개별보험이란 보험계약자가 보험에 가입할 거래를 임의로 선택하고 보험자는 그 내용을 심사하여 인수 여부를 결정하는 방식이며, 포괄보험이란 보험계약자가 일정기간 내 특정상품 및 특정 결제조건의 수출을 의무적으로 보험에 가입하고 보험자는 이를 자동으로 인수하는 방식을 뜻한다.

포괄보험은 개별보험보다 보험료가 저렴하고 대상물품 전부가 자동적으로 보험에 가입됨으로써 위험을 최소화할 수 있으며 매건마다 개별적으로 보험을 들 필요가 없어서 절차가 간소하다는 등의 장점이 있다.

다만 포괄보험방식을 이용하기 위해서는 보험계약자(수출자)의 신용등급이 일정등급 이상이고, 포괄 적용대상 거래의 수출실적이 일정금액 이상이며, 신용장거래의 비율이나 수입자의 신용상태 등이 보험자가 내세우는 요건을 갖추어야 한다.

수출보험은 국내에서 생산된 물품을 수출하는 일반수출 뿐만 아니라 해외에서 생산되거나 가공한 물품을 수출하는 중계무역이나 위탁가공무역의 경우에도 가입할 수 있다.

보험료는 결제방식, 결제기간, 국가별신용등급, 보상비율 등을 감안하여 책정하며 수출경쟁력을 지원하는 차원에서 저렴한 보험료가 적용된다.

보험계약자는 최초만기일 또는 사고발생을 안 날로부터 1개월 이내에 사고발생신고를 하고, 사고발생일로부터 2년 이내에 보험금을 청구해야 하며, 보험금의 지급은 보험금청구일로부터 2개월 이내에 이루어진다.

보상금은 결제기간 2년 이내의 수출거래를 대상으로 하는 단기수출보험의 경우 중소기업은 손실액의 100%, 대기업 95% 이내에서 지급되고, 결제기간이 2년을 초과하는 수출거래를 대상으로 하는 중장기수출보험의 경우 중소기업은 손실액의 95%, 대기업은 90% 이내에서 지급된다.

보상금을 지급받은 후에 회수한 금액이 있는 경우에는 회수한 날로부터 15 영업일 이내에 보험자에게 납부해야 한다.

수출신고(Export Declaration)

외국에 수출하는 물건의 명세와 거래조건 등을 세관장에게 서면으로 신고하는 것.

수출신고필증

세관장이 수출자에게 수출이 허가되었음을 증명해 주는 서류.

수출신용보증(선적 전)

수출기업이 수출계약에 따라 수출물품을 제조, 가공하거나 조달할 수 있도록 외국환은행 또는 수출유관기관들이 수출신용보증서를 담보로 대출 또는 지급보증(수출용원자재 수입신용장 개설 포함)을 실행함에 따라 기업이 은행에 대하여 부담하게 되는 상환채무를 한국무역보험공사가 연대보증하는 제도.

수출신용보증(선적 후)

수출기업이 수출계약에 따라 물품을 선적한 후 금융기관이 환어음 등의 선적서류를 근거로 수출채권을 매입하는 경우 한국무역보험공사가 연대보증하는 제도.

수출입공고

수출입품목을 관리하기 위한 기본공고로서 Negative List System에 의해서 품목별로 수출입을 관리한다. Negative List System이란 수출입을 금지하는 수출입금지품목과 추천, 인증, 허가, 형식승인, 신고 등 일정한 요건을 갖춘 경우에만 수출입이 가능한 수출입

제한품목을 공고하고 여기에 포함되지 않은 나머지 모든 품목에 대해서는 자유로운 수출입을 허용하는 제도를 뜻한다.

Negative List System의 반대말은 Positive List system으로서 자유롭게 수출입을 할 수 있는 아이템을 공고하고 나머지 모든 품목을 수출입할 때는 허가를 받도록 하는 제도를 뜻한다. 우리나라에서는 1967년부터 Negative List System을 채택하고 있다.

수출입품목관리제도

품목별로 수출입을 관리하는 제도를 말한다. 사업자등록만 하면 누구나 자유롭게 무역을 할 수 있도록 허용하지만 품목에 따라서는 수출입을 제한함으로써 국가경제나 국민을 보호하기 위한 제도이다.

수출입품목관리는 대외무역업에 근거한 수출입공고, 개별법에 의한 제한내용을 통합해서 공고하는 통합공고 및 전략물자수출입고시에 의해 이루어진다.

ㅅ

수취선하증권(Received B/L)

화물을 부두창고나 부두장치장 등에서 인수하여 선박에 적재되기 전에 발행한 B/L을 뜻하며 은행으로부터 매입을 거절당할 수 있다. 한편 화물이 본선에 적재되었음을 나타내는 선하증권을 본

선적재선하증권On Board B/L이라고 하며 대부분의 L/C에서는 본선적재선하증권을 요구한다.

수탁가공무역

외국의 위탁업체로부터 물품을 제조하는 데 필요한 원부자재를 공급받아서 위탁업체의 지시에 따라 물품을 가공해서 위탁업체의 지시로 가공한 물품을 보내는 거래 형태. 수탁자는 위탁자에게 물품을 제조하는 데 필요한 원부자재를 무상으로 공급받고 가공의 대가로 가공임을 수령한다.

수탁판매수입

수출자가 소유권을 이전하지 않고 물품을 수출한 후 물품이 판매된 범위 내에서만 대금을 영수하고, 판매하고 남은 물량은 수출자에게 반송하거나 제3자에게 판매하는 방식의 거래를 수입자의 입장에서 수탁판매수입이라고 한다.

수평지주(Barcing)

물품을 수평 방향에서 옆으로 지지하는 것.

수하인(Consignee)

화물을 인수할 수취인. 결제방식이 송금방식일 때는 B/L의 Consignee 난에 수입자의 상호 및 주소를 기재하고, 신용장방식일 때는 신용장의 Documents Required 항에 명시된 대로 '개설은행의 지시에 따른다(to the order of 개설은행명)'라고 기재한다.

신용장방식의 거래에서 수하인을 수입자로 지정하지 않고 '개설은행의 지시에 따른다'라고 표시하는 이유는 개설은행에 선적서류가 도착했으나 수입자가 신용장대금을 결제할 수 없어서 선적서류를 인수할 수 없을 때 제3자에게 B/L을 비롯한 선적서류를 양도하기 위함이다.

ㅅ

수혜자(Beneficiary)

신용장에 명시된 물건을 선적하고 은행으로부터 대금을 지급받는 수출자.

수화인 ☞ **수하인**

승낙(Acceptance)

청약을 받아들여 계약을 성립시키겠다는 피청약자의 의사표시. 승낙의 효력과 철회는 상대방에게 도달했을 때 발생하며 피청약자가 청약자에게 아무런 통지 없이 물품의 발송이나 대금의 지급과 같은 행위를 하면 그 행위가 행하여짐과 동시에 승낙으로서의 효력이 발생한다. 또한 지연된 승낙, 조건부승낙, 일부승낙, 변경승낙 등은 계약을 성립시키지 못한다.

시베리안 랜드브리지(SLB: Siberian Land Bridge)

동아시아와 유럽 사이를 잇는 복합운송경로로서 동아시아에서 러시아의 나홋카 보스토치니까지 선박으로 운송한 다음, 시베리아철도로 유럽 또는 서아시아의 목적지로 운송하는 방식.

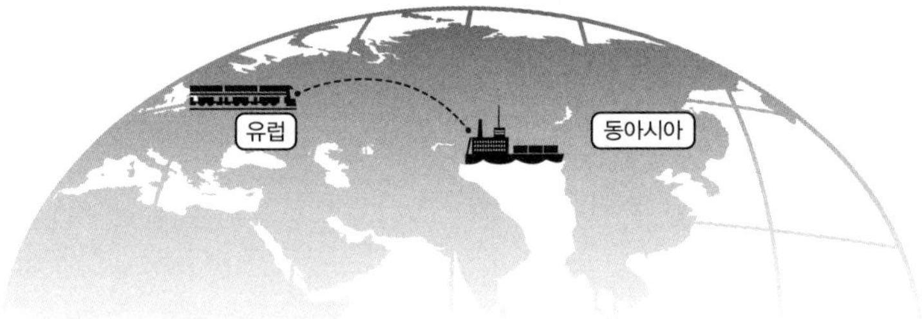

시험오더(Trial Order)

물건을 직접 시장에 판매하면서 소비자들의 반응을 살펴보기 위해서 일정규모의 물량을 주문하는 것.

식물검역제도

식물의 수출입거래 시 병균과 해충이 외국으로 나가거나 외국에서 들어오는 것을 방지하기 위해서 시행하는 제도로서 우리나라에서는 식물방역법에 따라 검역이 이루어진다. 병해충을 확산시킬 우려가 있는 식물에 대한 검사, 이동 금지나 제한, 소독 등의 조치가 이루어지며 흙과 흙이 부착된 식물은 수입을 금지한다.

신용장(L/C: Letter of Credit)

선적서류와 상환하여 물품대금을 지급하겠다고 은행에서 확약하는 증서. 수출자는 은행에서 발행한 신용장을 믿고 물품을 실은 다음, 운송서류를 비롯한 신용장에서 요구하는 서류를 은행에 제출하고 물품대금을 지급받는다. 한편 수입자는 은행에 물품대금을 지급하고 서류를 전달받아서 물건을 인수한다.

신용장 개설은행은 수입자와 상관없이 대금 지급을 약속한다. 수입자가 부도가 나더라도 개설은행에서 책임지고 대금을 지급하겠다고 약속하는 것이 신용장이다. 그래야만 수출자가 안심하고 물건을 선적할 수 있다.

신용장방식의 거래에서 신용장 개설을 의뢰하는 수입자를 개설의뢰인Applicant, 수입자의 요청에 따라 신용장을 개설해 주는 은행을 개설은행Issuing Bank, 개설은행에서 발행된 신용장을 수출자에게 전달해 주는 은행을 통지은행Advising Bank, 신용장에 의거 물건을 선적하고 물품대금을 지급받는 수출자를 수익자Beneficiary, 수출자로부터 선적서류를 매입해서 개설은행에 보내주는 은행을 매입은행Negotiation Bank이라고 한다.

또한 신용장에는 금액Amount, 물품의 명세Description, 최종선적기일Latest Date of Shipment, 유효기일Expiry Date, 제출해야 할 서류Documents Required 등이 명시되며 신용장에 명시된 물품을 최종선적기일 내에 선적하고 신용장에서 요구하는 서류를 유효기일 내에 제출하면 은행에서 책임지고 신용장 금액을 지급한다고 이해하면 된다.

은행에 제출하는 서류에는 상업송장Commercial Invoice, 포장명세서Packing List, 선하증권Bill of Lading, 항공화물운송장Air Waybill, 보험증권Insurance Policy, 원산지증명서Certificate of Origin 등이 있다.

신용장방식의 거래에서 은행은 수출자가 물건을 싣는 것을 직접 확인하고 대금을 지급하는 것이 아니라 서류만 확인하고 대금을 지급하기 때문에 수입자의 입장에서 서류에 명시된 것과 다른 물건을 받거나, 수출자의 입장에서 물건은 제대로 실었더라도 서류상 하자로 인해서 대금 지급을 거부당할 수 있으므로 조심해야 한다.

신용장방식의 거래는 ① 수입자가 개설은행에 신용장 개설 요청 ② 개설은행에서 신용장 개설해서 통지은행으로 송부 ③ 통지은행에서 수출자에게 신용장 전달 ④ 수출자가 물건을 선적한 후 매입은행에 선적서류를 제출하고 대금 수령 ⑤ 매입은행에서 선적서류를 개설은행으로 발송하고 대금 수령 ⑥ 개설은행에서 수입자로부터 대금을 받고 선적서류를 인도 ⑦ 수입자가 운송회사에 운송서류를 제시하고 물품을 인수하는 방식으로 업무가 진행된다.

신용장방식의 거래는 ⑤번까지만 진행되고 끝날 수 있다. 즉, 선적서류가 도착했는데도 수입자가 대금을 지급하지 않는 경우다. 이런 경우 신용장을 개설해 준 은행에서는 수출자에게 책임을 전가할 수 없기 때문에 자체적으로 물건을 처분할 수밖에 없다. 이 때 은행의 입장에서는 물건을 제값을 받고 처분하기가 힘들거나 아예 처분이 불가능한 경우도 있으므로 애초에 신용장을 개설할 때 수입자의 신용도가 낮은 경우에는 수입자로부터 담보를 확보해 두었다가 수입자가 대금지급을 거절하면 담보를 처분해서 손해를 보전한다.

신용장방식은 다른 결제방식에 비해 수수료 부담이 크고 처리과정이 복잡하다는 단점이 있으나 은행의 책임 아래 대금지급이 이루어짐으로써 처음 거래를 시작하거나 거래금액이 큰 경우, 수입자의 신용이 불확실한 경우에 주로 사용한다.

- **신용장 관련 영문 표현**

신용장의 개설을 의뢰하다 Apply for an L/C

신용장을 개설하다 Issue(Open, Establish) an L/C

신용장을 통지하다 Advise an L/C

신용장을 받다 Receive an L/C

신용장의 유효기일을 연장하다 Extend an L/C

신용장을 수정하다 Amend an L/C

신용장 개설수수료(L/C Opening Charge)

신용장 개설은행에서 수입자를 대신하여 대금 지급을 확약하는 데 따르는 보증료 성격으로 징수하는 수수료.

신용장 개설은행(L/C Issuing Bank)

수입자의 요청에 따라 신용장을 개설해 주는 은행으로서 보통 수입자의 거래은행이 된다.

신용장 개설의뢰인(L/C Applicant)

개설은행에 신용장을 개설해 달라고 의뢰하는 수입자.

신용장 매입은행(L/C Negotiation Bank)

수출자로부터 신용장에 명기된 선적서류를 매입하고 수출대금을 지급하는 은행.

신용장 상환은행(L/C Reimbursement Bank)

신용장개설은행의 예치환거래은행으로서 개설은행의 지시에 따라 매입은행에 신용장대금을 지급해 주는 은행. 매입은행이 개설은행과 거래 관계가 없을 경우 제3의 은행을 통해서 수출대금의 상환이 이루어지도록 하는데 이러한 역할을 하는 은행을 상환은행이라고 하며 결제은행Settling Bank이라고도 한다.

ㅅ

신용장 수익자(L/C Beneficiary)

신용장에 명시된 물건을 선적하고 은행으로부터 대금을 지급받는 수출자.

신용장 인수은행(L/C Accepting Bank)

수익자가 발행한 환어음이 기한부어음일 경우 해당 어음의 만기일에 어음을 인수하고 대금을 지급하겠다고 약속하는 은행.

신용장 지급은행(L/C Paying Bank)

개설은행으로부터 수익자에게 신용장대금을 지급해 주도록 위탁받은 은행으로서 개설은행의 본지점이나 예치환거래은행이 된다.

신용장통일규칙(UCP: Uniform Customs and Practice for Documentary Credits)

신용장에 대한 각기 다른 해석으로 인해 발생하는 분쟁에 대비하기 위해서 국제상업회의소International Chamber of Commerce에서 제정한 신용장의 해석기준으로서 1933년에 처음으로 제정되었으며 그 후 수차례 개정 작업을 거쳐 현재는 2007년에 개정한 제6차 신용장통일규칙이 적용되고 있다.

화환신용장통일규칙은 강행법규가 아닌 임의법규이기 때문에 신용장거래당사자를 구속하기 위해서는 신용장에 화환신용장통일규칙을 적용한다는 준거 문언이 삽입되어야 한다.

신용장 통지수수료(L/C Advising Commission)

신용장 통지은행에서 수출자에게 신용장을 통지할 때 징수하는 수수료.

신용장 통지은행(L/C Advising Bank)

개설은행으로부터 신용장을 접수하여 수출자에게 통지해 주는 은행.

신용장 하자수수료(L/C Discrepancy Fee)

선적서류에 하자가 있음에도 환어음을 결제하는 경우 결제 금액에서 차감하는 방식으로 징수하는 수수료.

신용장 확인수수료(L/C Confirmation Charge)

개설은행의 신용이 낮을 때 확인은행에서 별도의 지급확약을 해주는 대가로 징수하는 수수료.

신용장 확인은행(L/C Confirming Bank)

개설은행의 신용을 믿을 수 없을 때 개설은행과 별도로 신용장 대금의 지급을 확약해 주는 은행.

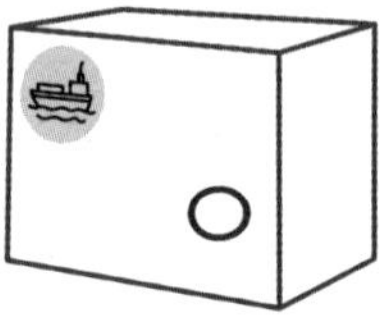

아메리칸 랜드브리지(ALB: American Land Bridge)

동아시아에서 미국 서해안까지 해상운송한 후, 대륙횡단철도를 이용하여 미국 동부로 운송하고, 이를 다시 해상을 통해 유럽의 목적지까지 운송하는 방식.

알리바바닷컴(Alibaba.com)

중국에서 운영하는 세계 최대의 무역거래알선 사이트로서 품목별로 수출자가 자신이 공급가능한 제품 및 업체에 대한 정보를 게재하여 해당 제품에 관심 있는 수입자들이 연락할 수 있도록 한다.

알선(Intermediation)

당사자의 일방 또는 쌍방의 의뢰에 따라 상공회의소, 상사중재원 등과 같은 기관에서 타협안을 제시함으로써 클레임을 해결하는 방법. 알선에 의해서 클레임을 해결하면 당사자 간의 비밀이 보장되고 거래 관계를 지속시킬 수 있다는 장점이 있으나 당사자 쌍방이 알선자가 제시한 타협안을 받아들이지 않으면 클레임을 해결할 수 없다는 문제가 있다.

야적운송(Bulk Transportation)

광물이나 곡물 등과 같이 컨테이너에 적재할 수 없는 화물을 야적상태로 운송하는 방식.

야적화물(Bulk Cargo)

광물이나 곡물 등과 같이 컨테이너에 적재할 수 없어서 야적상태로 운송하는 화물.

ㅇ

양도가능신용장(Transferable L/C)

수익자의 요청에 의하여 신용장 금액의 일부 또는 전체를 제2의 수익자에게 양도할 수 있는 신용장을 뜻하며 신용장에 'Transferable'이라는 표시가 되어 있어야 한다. 양도가능신용장은 수출자가 자기 명의로 수출할 수 없거나 제3국의 공급업체로부터 물건을 조달하는 중계무역방식에서 활용된다.

양도는 1회에 한하며 재양도는 금지되고 분할선적이 허용되는 경우에는 복수의 제2수익자에게 분할하여 양도할 수 있다. 또한 중계무역의 경우 원신용장의 금액 및 단가를 감액하고 선적기일, 서류제시기일 및 유효기일을 단축하여 양도하는 조건변경부양도가 가능하다.

양륙품질조건(RT: Rye Terms)

곡물과 같이 선적 시와 양륙 시의 품질이 달라질 가능성이 있는 경우 품질검사의 기준시기를 양륙 시로 하는 조건. 원래 호밀Rye의 거래에서 사용해서 Rye Terms라고 부른다.

여행자수표 매도율

고객이 은행에서 여행자수표를 살 때 적용하는 환율.

여행자수표 매입율

고객이 은행에 여행자수표를 팔 때 적용하는 환율.

역지주(Tomming)

심한 요동에 의하여 물품이 위로 올라오는 것을 방지하기 위하여 역방향에서 물품의 하부를 지키는 것.

연계무역(Counter Trade)

동일한 거래당사자 간에 수출과 수입을 연계시키는 무역을 뜻하며 물품대금결제의 유무 및 계약방식 등에 따라 물물교환, 구상무역, 대응구매, 제품환매 등으로 나누어진다.

연계무역은 외화가 부족하거나 완제품 생산능력이 떨어지는 저개발국과의 교역을 활성화시키기 위한 방편으로 활용되는 무역거래방식이다.

연지급신용장(Deferred Payment L/C)

개설은행이 해외의 본지점이나 예치환거래은행을 연지급은행으로 지정하고, 연지급은행은 개설은행의 지시에 따라 만기일을 기재한 연지급확약서를 발급해 주고 만기일에 수익자에게 대금을 지급해 주는 신용장.

영세율

부가가치세를 부과하지 않는 것. 통상 국내 기업 간의 거래에서는 물품공급가격의 10%를 부가가치세로 납부해야 하는데 국내공급업체에서 수출품을 수출업자에게 공급한 경우에는 부가가치세를 부과하지 않고 세금계산서상의 부가가치세 난에 '0'으로 표시하여 영세율이라고 한다.

ㅇ

오퍼(Offer)

매매조건을 제시하면서 그러한 조건으로 물품을 판매 또는 구매하겠다는 의사표시로서 청약이라고도 부른다. 오퍼의 효력은 상대방에게 도달했을 때 발생하며 다음의 경우에는 소멸된다.

① 오퍼의 철회 및 취소

② 오퍼의 거절

③ 오퍼의 내용을 추가, 제한 또는 변경하여 승낙

④ 반대오퍼

⑤ 승낙기간의 경과

오퍼상

외국의 수출업자를 대신해서 국내수입업자로부터 오더를 수주하고 커미션을 받는 무역에이전트.

오퍼상의 어원

오퍼상의 공식명칭은 물품매도확약서발행업자이다. 여기서 물품매도확약서란 수출자가 수입자 앞으로 발행하는 Offer Sheet를 뜻하며, 물품매도확약서발행업자란 외국의 수출업자의 대리인으로서 외국의 수출업자를 대신해서 국내수입업자에게 Offer Sheet를 발행하는 자라는 뜻으로 해석할 수 있다.

오픈탑컨테이너(Open Top Container)

지붕이 개방된 컨테이너.

완제품내국신용장

수출용완제품을 공급대상으로 하여 개설하는 내국신용장.

외국인도수출

수출자가 외국에서 물품을 인도하고 물품대금은 국내에서 영수하는 형태의 거래. 예를 들어 해외 건설현장에서 사용하던 기자재를 국내로 들여오지 않고 현지에서 인도하거나 원양어선이 해외에서 채취한 수산물을 현지에서 인도하는 경우가 외국인도수출에 해당한다. 또한 위탁가공무역방식에 의해서 해외의 가공업체에서 가공한 물건을 현지에서 제3국으로 수출하는 것도 외국인도수출이라고 할 수 있다.

ㅇ

외국인수수입

수입자가 물품대금을 국내에서 지급하지만 물품을 국내로 들여오지 않고 외국에서 인수하는 형태의 거래. 예를 들어 해외 건설현장에서 필요한 기자재를 국내를 거치지 않고 바로 현장에서 인수하는 경우가 외국인수수입에 해당한다.

외국환거래법

외국환거래를 적절하게 관리함으로써 대외거래를 원활하게 하고 국제수지의 균형, 통화가치의 안정 및 외화자금의 효율적 운영을 도모하기 위한 법으로서 외환거래법시행령 및 외환관리규정을 하위법령으로 두고 있다.

용선계약(Charter Party)

대량화물을 부정기선Tramper으로 운송할 때 선복Ship's Space의 일부 또는 전부를 빌리기 위해서 선박회사와 화주 간에 체결하는 계약. 용선계약에는 선복 전부를 빌리는 전체 용선계약Whole Charter과 선복의 일부만을 빌리는 일부 용선계약Partial Charter이 있다.

용선계약선하증권(Charter Party B/L)

대량화물을 운송하기 위해서 특정 항로나 일정기간 동안 부정기선을 빌릴 때 화주와 선박회사 간에 체결된 용선계약에 의거 발행되는 선하증권.

우루과이라운드(Uruguay Round of Multinational Trade Negotiation)

1986년 9월 우루과이에서 개최된 '관세 및 무역에 관한 일반협정

GATT' 각료회의를 출발점으로 하여 여덟 번째 회의가 개최된 1993년 12월에 타결된 다자간 무역협상으로서 보호무역이나 지역주의를 억제하고 다자주의에 입각한 무역 자유화 실현을 목표로 한다. 우루과이라운드의 합의사항을 이행하기 위해서 1995년에 세계무역기구WTO: World Trade Organization가 출범하였다.

우범화물 자동선별시스템(C/S: Cargo Selectivity System)

세관에서 수입물품을 검사할 때 사전등록된 기준에 의하여 우범성이 있는 화물에 대한 검사 여부를 결정하기 위한 시스템.

우편환

외국환을 우편을 통해서 보내는 것. 한편 외국환을 전신을 통해서 보내는 것을 전신환이라고 한다.

원산지(Origin)

물품이 성장, 생산, 제조 또는 가공된 국가를 의미하며 원산지별로 각기 다른 통관규정이나 관세율이 적용될 수 있다. 원산지를 판정하는 기준은 국가나 품목에 따라 달라지므로 별도로 확인해야 한다. 우리나라의 원산지관리는 원산지판정제도, 원산지표시제도, 원산지확인제도로 나누어진다.

원산지증명서(Certificate of Origin)

물품의 원산지를 확인하기 위해서 수출자, 수출국의 상공회의소나 세관 등 관련 관공서에서 발급하는 증명서.

원산지판정제도

원산지판정기준에 따라 물품의 원산지가 어디인지를 판정하는 것. 원산지판정기준은 물품의 전부를 생산, 가공, 제조한 나라를 원산지로 하는 완전생산기준을 원칙으로 하나, 2개국 이상에 걸쳐 물품이 생산, 가공, 제조된 경우에는 물품의 본질적 특성을 부여하기에 충분한 정도의 실질적인 생산, 가공, 제조 과정이 최종적으로 수행된 나라를 원산지로 한다.

또한 원산지가 아닌 국가를 경유하지 않고 직접 우리나라에 운송, 반입된 물품에 한하여 원산지를 인정하되 지리적, 운송상의 이유로 원산지가 아닌 국가를 단순 경유하는 경우로서 원산지가 아닌 국가에서 환적되는 경우에는 우리나라로 직접 반입한 것으로 본다.

원산지표시제도

최종소비자를 보호하기 위하여 개별 물품에 원산지를 표시토록 하는 것으로서 모든 수입물품은 물품 자체에 원산지를 표시하는 것이 원칙이다. 해당 물품에 원산지를 표시하는 것이 불가능한 경우에는 해당 물품의 포장이나 용기 등에 원산지를 표시할 수 있다. 또한 수입 후 실질적 변형을 일으키는 제조공정에 투입되는 부품 및 원재료로서 실수요자가 직접 수입하는 경우 등과 같이 특별한 경우에는 원산지 표시 의무를 면제받을 수 있다.

원산지 표시는 한글, 한자 또는 영문으로 하여야 하며 '원산지: 중국, 中國産, MADE IN CHINA, PRODUCT OF CHINA' 등과 같이 표시한다.

수입세트 물품의 경우 당해 세트 물품을 구성하는 개별 물품들의 원산지가 2개국 이상인 경우에는 개별 물품에 각각의 원산지를 표시하고, 세트 물품의 포장이나 용기에는 'Made in China, India'와 같이 개별 물품의 원산지를 모두 나열해서 표시하여야 한다.

o

원산지확인제도

관세법, 조약, 협정 등에 의하여 원산지에 따라 특혜관세율이 적용되거나 관세가 면제되는 경우 또는 별도의 통관규정이 적용되는 경우에 해당 물품의 원산지를 확인하는 제도로서 원산지확인 대상품목을 수입할 때는 해당 물품의 원산지를 증명할 수 있는 원산지증명서Certificate of Origin를 제출하여야 한다.

원산지증명서는 수입신고일로부터 1년 이내에 발행된 것이라야 하며 원산지 국가의 세관이나 상공회의소, 기타 발급 권한이 있는 기관에서 발행한 것이라야 한다.

특혜관세를 적용받거나 면세받고자 하는 경우에는 해당 특혜 적용 내역에 따라 각각 GSP 원산지증명서, GSTP 원산지증명서, APTA 원산지증명서, FTA 원산지증명서 등 해당 특혜 내역에 적합한 원산지증명서를 제출해야 한다.

원산지 국가에서 바로 수입되지 않고 제3국을 경유하여 수입된 물품에 대하여 경유국에서 원산지증명서가 발급된 경우에는 원산지 국가에서 발행된 원산지증명서를 기초로 발급된 것이라야 한다.

원신용장(Master L/C)

국내공급자를 수익자로 발행되는 내국신용장Local L/C이나 중계무역 시 국외공급자를 수익자로 발행되는 Sub L/C의 근거가 되는 신용장으로서 수입자의 요청에 따라 신용장개설은행이 수출자 앞으로 개설한 신용장.

원자재내국신용장

수출용원자재를 공급대상으로 하여 개설하는 내국신용장.

웨스턴유니온 송금

미국의 송금전문업체인 Western Union이 전 세계 가맹점(은행, 백화점, 우체국)을 통해서 제공하는 송금서비스방식.

위부(Abandonment)

추정전손이 발생했을 때 피보험자가 보험목적물에 대해서 가지고 있는 일체의 권리를 보험자에게 넘겨주고 보험금액 전액을 청구하는 것. 추정전손이란 전체적으로 멸실되지 않았더라고 손해의 정도가 본래의 효능을 상실하거나 복구비용이 해당 물품의 시장가격을 초과하여 전손으로 추정될 정도의 손해를 뜻한다.

ㅇ

위탁가공무역(Processing Trade)

해외공장에 원료를 공급해 주고 물품을 가공토록 한 후 가공된 물품을 수입하거나 다른 외국으로 수출하는 것. 위탁가공무역을 하기 위해서는 가공작업을 제외한 모든 업무를 주도적으로 처리해야 한다.

예를 들어보자면 의류의 경우 물건을 기획하고 디자인을 한 후 인건비가 싼 나라의 공장과 위탁가공계약을 하고 의류생산에 필요한 원부자재 및 디자인을 무상으로 공급한 후 옷감을 재단하고 재봉하는 것 같은 단순가공작업을 위탁해서 만들어진 최종제품을 국내로 들여와서 팔거나 현지에서 전 세계로 수출하는 방식으로 진행한다고 생각하면 된다.

위탁가공무역과 중계무역의 차이

위탁가공무역은 위탁자가 제품기획 및 디자인, 원자재공급 등을 주도하고 단순가공작업만을 수탁자에게 맡기는 반면에, 중계무역은 중계무역상이 물품의 제조 과정에 일체 간섭하지 않고 외국의 제조업체에서 자체적으로 생산한 완제품 또는 원자재를 구입해서 제3국으로 수출하는 것을 뜻한다.

위탁판매수출(Consignment Export Trade)

수출자가 소유권을 이전하지 않고 물품을 수출한 후 물품이 판매된 범위 내에서만 대금을 영수하고, 판매하고 남은 물량은 수출자에게 반송하거나 제3자에게 판매하는 방식의 거래.

수출자가 자금부담 및 판매에 따르는 위험을 부담해야 하므로 본지사 간의 거래나 신규 해외시장 개척 시 제한적으로 활용하는 거래방식이다.

유류할증료(BAF: Bunker Adjustment Factor)

선박의 주 연료인 벙커유의 가격변동에 따르는 손실을 보전하기 위해서 부과하는 할증료.

육상운송

트레일러, 트럭, 기차 등을 통해서 수출자의 공장에서 항구나 공항까지 또는 항구나 공항에서 수입자의 창고까지의 육상구간에서 이루어지는 운송으로서 내륙운송이라고도 부른다.

인수(Acceptance)

환어음의 지급인이 어음의 만기일에 어음에 명시된 금액을 지급할 것을 확약하는 의사를 표시하는 것.

인수신용장(Acceptance L/C)

개설은행이 해외의 본지점이나 예치환거래은행을 인수은행Accepting Bank으로 지정하고, 해당 은행을 지급인으로 수익자가 발행한 기한부 환어음을 인수하도록 명시한 신용장.

개설의뢰인에게 선적서류를 인도할 때 일정 기간 후에 신용장 대금을 지급할 것을 확약하는 인수의 뜻을 표시하게 되어 있는 기한부 신용장으로서 인수은행은 수익자가 발행한 기한부환어음을 인수했다가 만기일에 지급한다.

인수은행(Accepting Bank)

수익자가 발행한 환어음이 기한부어음일 경우 해당 어음의 만

ㅇ

기일에 어음을 인수한 뒤 대금을 지급하겠다고 약속하는 은행을 말한다.

인수증

내국신용장방식의 거래에서 수출자가 국내공급자로부터 물품을 인수하고 발행해 주는 물품수령증명서의 예전 이름.

인코텀즈(Incoterms)

International Commercial Terms의 약어로 국제상업회의소ICC: International Chamber of Commerce에서 제정한 정형거래조건에 관한 국제규칙ICC Rule for the Use of Domestic and International Trade Terms이다.

무역거래에서 발생하는 위험의 이전시점과 비용의 분담지점을 규정함으로써 보험을 누가 들고 수출입원가계산을 어떻게 할지에 대한 기준을 제시한다. 인코텀즈 2020에서 규정한 11가지 조건의 위험의 이전시점과 비용의 분담지점은 다음과 같다.

조건명	위험의 이전	비용의 분담
EXW	공장이나 창고와 같은 지정된 장소에서 물품을 인도하였을 때	공장이나 창고와 같은 지정된 장소에서 물품을 인도하였을 때
FOB	지정된 선적항에서 수입자가 지정한 선박에 물품을 적재하였을 때	지정된 선적항에서 수입자가 지정한 선박에 물품을 적재하였을 때

조건명	위험의 이전	비용의 분담
FAS	지정된 선적항에서 수입자가 지정한 선박의 선측에서 물품을 인도하였을 때	지정된 선적항에서 수입자가 지정한 선박의 선측에서 물품을 인도하였을 때
FCA	수입자가 지정한 운송인에게 물품을 인도하였을 때	수입자가 지정한 운송인에게 물품을 인도하였을 때
CFR	선적항에서 물품이 적재되었을 때	지정된 목적항에 물품이 도착하였을 때(적하보험료 제외)
CIF	선적항에서 물품이 적재되었을 때	지정된 목적항에 물품이 도착하였을 때(적하보험료 포함)
CPT	수출자가 선택한 운송인에게 물품을 인도하였을 때	지정된 목적지에 물품이 도착하였을 때(적하보험료 제외)
CIP	수출자가 선택한 운송인에게 물품을 인도하였을 때	지정된 목적지에 물품이 도착하였을 때(적하보험료 포함)
DAP	지정된 목적지에서 물품을 인도하였을 때	지정된 목적지에서 물품을 인도하였을 때(수입통관비용 제외)
DPU	지정된 목적지에서 물품을 내려서 인도하였을 때	지정된 목적지에서 물품을 내려서 인도하였을 때(수입통관비용 제외)
DDP	지정된 목적지에서 물품을 인도하였을 때	지정된 목적지에서 물품을 인도하였을 때(수입통관비용 포함)

인코텀즈에서 규정한 위험의 이전시점에 따라서 EXW, FOB, FAS, FCA, CFR, CPT 조건에서는 수입자가 보험에 가입하고 DAP, DPU, DDP 조건에서는 수출자가 보험에 가입해야 한다. 다만 CIF와 CIP 조건은 위험의 이전시점에 따르면 수입자가 보험에 가입해

야 하지만 예외적으로 수출자가 수입자 대신 보험에 가입하도록 규정해 놓았다.

결론적으로 조건명에 'I'자나 'D'자가 들어간 CIF, CIP, DAP, DPU, DDP 조건에서는 수출자가 보험에 가입하고 나머지 조건에서는 수입자가 보험에 가입한다고 정리할 수 있다.

수출원가는 공장도가격에 비용의 분담지점까지의 비용을 더해서 계산하면 되고, 수입원가는 수출가격에 비용의 분담지점부터 발생하는 모든 비용을 더해서 계산하면 된다.

일람불신용장(At Sight L/C)

신용장에서 요구하는 선적서류와 환어음이 제시되는 즉시 신용장대금의 지급이 이루어지는 신용장.

이와 반대로 선적서류와 환어음이 제시되고 일정기간 후에 대금이 지급되는 신용장은 기한부신용장Usance L/C이라고 한다.

일람불환어음(Sight Bill)

환어음이 제시되자마자 대금지급이 이루어지는 어음. 한편 환어음이 제시되고 나서 일정 기간 후에 지급이 이루어지는 어음은 기한부환어음Usance Bill이라고 한다.

일람지급신용장(Sight Payment L/C)

개설은행이 해외의 본지점이나 예치환거래은행을 지급은행 Paying Bank으로 지정하고 해당 은행으로 하여금 선적서류와 상환하여 신용장대금을 즉시 지급해 줄 것을 위탁하는 신용장.

일반특혜관세(GSP: Generalized Systems of Preference)

원산지가 특정 개발도상국인 특정물품에 대하여 기본세율보다 낮은 세율을 적용하는 관세.

임가공내국신용장

수출용원자재 또는 수출완제품의 위탁가공임을 대상으로 개설하는 내국신용장.

임대수출

임대차계약을 체결하고 고가의 생산설비나 의료장비 등을 수출한 후 임대차계약이 종료되고 나서 재수입하거나 임대차계약기간 종료 전 또는 종료 후에 소유권을 이전하는 거래방식.

임차수입

임대차계약을 체결하고 고가의 생산설비나 의료장비 등을 수입

ㅇ

한 후 임대차계약이 종료되고 나서 재수출하거나 임대차계약기간 종료 전 또는 종료 후에 소유권을 이전하는 거래방식.

ㅈ

자유매입신용장(Freely Negotiable L/C)

아무 은행에서나 자유롭게 매입할 수 있는 신용장. 대부분의 신용장은 자유매입신용장으로 개설되며 수출자가 거래하는 은행이 매입은행이 된다.

자유무역협정관세(FTA협정관세)

FTA가 발효된 국가를 원산지로 하는 물품에 대해서 적용되는 특혜관세.

잠정관세(Provisional Duties)

특정물품에 대하여 기본관세율과는 다른 세율을 잠정적으로 적용하는 관세로서 잠정관세율은 국회의 의결을 거쳐 법률로 정해진다.

재오더(Repeat Order)

한 번 주문했던 물건을 다시 주문하는 것.

저유황할증료(LSS: Low Sulfur Surcharge)

유황배출을 줄이기 위해서 저유황을 사용함으로써 발생하는 추가비용을 보전하기 위한 할증료.

적부(Stowage)

선박 안전과 물품의 보호를 위하여 선박 내의 적절한 장소에 물품을 적재하고 물품이 붕괴되거나 이동하지 않도록 조치하는 것.

적하보험(Cargo Insurance)

운송 도중 발생하는 물품의 분실이나 파손으로 인한 손해를 보상해 주는 보험. 인코텀즈에서 규정한 위험의 이전시점에 따라 위험이전이 수출국에서 이루어지는 EXW, FOB, FCA, FAS, CFR, CPT 등의 조건으로 거래할 때는 수입자가 보험에 들어야 하고 위험이전이 수입국에서 이루어지는 DAT, DAP, DDP 조건으로 거래할 때는 수출자가 보험에 들어야 한다. 다만 CIF나 CIP 조건의 경우에는 위험이 수출국에서 이전되지만 예외적으로 수출자가 수입자를 위해서 보험에 가입하도록 규정해 놓고 있다.

결론적으로 조건명에 'I'자나 'D'자가 들어가는 CIF, CIP, DAP, DPU, DDP 조건의 거래일 때는 수출자가 보험에 가입하고 나머지 조건의 거래에서는 수입자가 보험에 가입한다고 정리할 수 있다.

전략물자수출입고시

전략물자의 수출입을 통제함으로써 국제평화 및 안전과 국가안보를 유지하기 위한 규정. 국제평화 및 안전유지를 위해 국가 간 이동의 규제가 필요하다고 인정되는 물건의 경우에는 사전허가를 받아야만 수출입거래를 할 수 있도록 규정하고 있다.

전략물자는 무기류뿐만 아니라 일상생활이나 산업현장에서 흔히 볼 수 있는 품목도 포함될 수 있으며 소재, 생화학, 기계, 전기전자, 항공우주, 해양, 원자력 관련물품 및 기술을 포함한다.

수출자는 전략물자관리시스템(www.yestrade.go.kr)을 통해서 수출품이 전략물자에 해당되는지를 확인하고, 해당될 경우에는 수출허가를 받아야 한다. 또한 전략물자가 아니더라도 수출품의 최종용도 및 최종사용자가 대량파괴무기 등의 제조, 개발, 사용 또는 보관에 연루될 것을 인지하거나 의심될 경우에는 상황허가를 받아야 한다. 이밖에도 전략물자를 제3국에서 또 다른 제3국으로 중개하고자 할 때는 중개허가를 받아야 한다.

전손(Total Loss)

화물 전체가 멸실되거나 복구비용이 해당 물품의 시장가격을 초과할 정도의 손상이 발생한 경우를 뜻하며 현실전손과 추정전손으로 나누어진다.

전신환(Telegraphic Transfer)

외국환을 전신을 통해서 보내는 것.

전신환매도율(T/T Selling Rate)

고객이 외국에 송금할 때 적용하는 환율.

전신환매입율(T/T Buying Rate)

고객이 외국에서 송금된 돈을 지급받을 때 적용하는 환율.

전위험담보(A/R: All Risks)

항해의 지연이나 부보화물의 고유한 성질 및 하자에 기인하여 발생한 손실이나 특약에 의해서 배제된 손실을 제외하고 모든 손해를 보상해 주는 보험조건.

전쟁면책위험(War Exclusion Clause)

전쟁, 내란, 혁명, 모반, 반란, 포획, 나포, 억류(해적행위 제외) 및 유기된 기뢰, 어뢰, 폭탄 등으로 인해서 발생하는 위험. 해적위험은 구약관에서는 면책위험에 포함되었으나 신약관에서는 전쟁면책약관에서 배제되므로 ICC(A) 조건으로 보험에 가입하면 보상받을 수 있다.

정기선(Liner)

고정된 항로 및 운항스케줄에 따라 특정 항만을 규칙적으로 왕복 운항하는 선박을 뜻하며 사전에 고시된 운임률 표에 따라 운임을 부과한다.

정리(Trim)

물품을 균형 있게 적재하고 운송 중에 물품의 붕괴가 없도록 조치하는 것.

정액환급 ☞ **간이정액환급**

정형거래조건

물품을 이동하는 과정에서 발생하는 비용Cost과 위험Risk을 수출

ㅈ

자와 수입자 중 누가 부담할 것인지를 정해놓은 조건.

정형거래조건에 대한 통일된 해석기준을 국제규칙으로 만들어 놓은 것이 인코텀즈Incoterms이며, 수출자와 수입자는 무역거래를 할 때마다 별도의 거래조건에 합의하는 대신 인코텀즈에서 규정한 정형거래조건 중에 하나를 선택하여 해당 조건에 입각한 가격에 합의함으로써 보다 쉽게 무역거래를 할 수 있게 되었다.

제삼자선하증권(Third Party B/L)

선하증권상의 선적인이 계약당사자인 수출자 대신 제3자가 되는 것으로 주로 중계무역에서 사용된다. 예를 들어 한국의 중계무역상이 중국의 공급자로부터 물건을 구입하여 미국으로 직접 선적토록 하는 경우 중국 공급자를 선적인으로 하여 발행된 선하증권을 제삼자선하증권이라고 한다.

제조업자개발생산(ODM: Original Development Manufacturing)

제조업자가 자체 개발한 기술을 바탕으로 물건을 생산하여 주문자에게 공급하는 방식.

OEM은 주문자가 제공하는 설계도에 따라 생산하는 단순하청방식인데 비하여 ODM은 주문자는 제품의 콘셉트만 제공하고 제조업자가 자신의 제조 노하우 및 기술을 활용하여 상품기획에서부터 개발, 생산, 품질관리에 이르기까지 전 과정을 독자적으로 처리하는 방식이다.

제품환매(Buy Back)

플랜트나 기술을 해당 플랜트나 기술로 생산되는 제품을 수입하는 조건으로 수출하는 방식으로 저개발국에 대한 산업협력차원에서 이루어진다.

조건변경부양도

원신용장의 금액 및 단가를 감액하고 선적기일, 서류제시기일 및 유효기일을 단축하여 양도하는 것.

중계무역의 경우 제1수익자가 최종바이어로부터 접수한 신용장을 그대로 제2수익자에게 양도하면 중계차익을 거둘 수 없고 서류제시기일 및 유효기일 내에 서류를 제시하는 것이 어렵기 때문에 관련 조건을 변경하여 양도한다.

조정(Conciliation)

당사자 쌍방의 조정합의에 따라 공정한 제3자를 조정인으로 선임하여 분쟁해결방안을 제시해 줄 것을 요청하고, 조정인이 제시하는 조정안에 쌍방이 동의함으로써 분쟁을 해결하는 방법.

당사자 쌍방이 조정안에 동의함으로써 조정이 성립되면 중재판정과 동일한 효력이 발생하여 강제력이 있으나 당사자 중 일방이라도 조정안에 동의하지 않으면 조정이 성립되지 않는다는 문제가 있다.

조정관세(Adjustment Duties)

수입시장의 급격한 변화로 인한 문제를 시정 또는 방지하기 위하여 부과하는 관세.

종합보세구역

보세창고, 보세공장, 보세건설장 또는 보세판매장의 기능 중 둘 이상의 기능을 종합적으로 수행할 수 있는 장소.

주문자상표부착방식(OEM: Original Equipment Manufacturing)

주문자가 지정한 상표를 부착하여 물건을 생산해서 공급하는 방식.

주세

주류에 부과되는 세금으로서 주류의 수입 시 관세와 별도로 주세가 부과된다.

준거법(Governing Law)

계약을 해석하는 근거가 되는 법.

중개무역

자신이 직접 수출입거래를 하지 않고 제3국의 수출자와 수입자 간의 거래를 중개해 주고 수수료를 취하는 것. 중계무역은 중계무역상이 계약의 주체로서 공급업체, 최종바이어와 별도의 계약을 체결하고 자기 책임 하에 무역거래를 하지만 중개무역의 경우에는 공급자와 바이어와의 거래를 중간에서 알선만 해주고 계약체결에서부터 오더가 진행되는 전 과정은 공급자와 바이어가 직접 처리한다.

일반적으로 중개무역상은 공급자나 바이어 중 한곳과 에이전트 계약을 체결하고 자신이 에이전트로 일하는 공급자 또는 바이어 대신 거래를 성사시키고 거래가 마무리될 때까지 전 과정을 조율해 주고 커미션을 받는다.

ㅈ

중개무역상을 개입시키는 이유

애초에 수출업체와 수입업체가 서로 상대방에 대한 정보가 없을 때 중개무역상의 개입에 의해서 거래를 성사시킬 수 있다. 하지만 이런 방식의 중개무역은 오래 지속될 수 없다. 첫 거래를 통해서 서로 상대방에 대한 정보를 알게

된 수출업체와 수입업체가 다음 오더부터 중개무역상을 배제할 가능성이 높기 때문이다. 지속적인 중개무역이 이루어지려면 중개무역상이 수출업체 또는 수입업체의 에이전트로서 시장정보 제공, 오더협상, 사후관리 등의 역할을 수행해야 한다. 미국이나 유럽의 수출입업체들이 홍콩이나 싱가포르의 중개무역상을 동남아시아 시장 전체를 담당하는 에이전트로 활용하는 경우가 이에 해당된다.

중계무역

제3국에서 생산한 물건을 구입하여 또 다른 제3국으로 수출하는 것. 위탁가공무역의 경우에는 단순가공작업을 제외한 모든 업무를 가공을 위탁하는 업체에서 주도적으로 처리해야 하는 반면에 중계무역의 경우에는 물품의 기획이나 디자인에서부터 원부자재조달과 물품생산에 이르기까지 모든 업무를 해외공급업체에서 주도적으로 처리하고 중계무역상은 해외공장에서 주도적으로 생산한 완제품을 구입해서 또 다른 외국의 수입자에게 수출하는 방식으로 진행한다.

예를 들어 중국이나 베트남에서 생산한 완제품을 구입하여 미국의 바이어에게 수출하는 방식으로 진행하는 것이 중계무역이다.

중계무역의 경우 물건은 중계무역상이 속한 국가를 경유해서 갈 수도 있고 수출국에서 수입국으로 직접 갈 수도 있다.

중계무역과 중개무역의 차이

중계무역은 중계무역상이 외국의 공급자, 수입자와 각각 별도의 계약을 체결하고 거래를 주도하는 반면에, 중개무역은 중개무역상의 역할이 단순히 외국의 수출자와 수입자를 연결해 주거나 어느 한쪽의 에이전트로서 활동하는 것에 국한되며 수출입계약 및 실제 거래는 외국의 수출자와 수입자 간에 직접 이루어진다.

중계무역과 외국인도수출의 차이

중계무역과 외국인도수출은 물품이 외국에서 외국으로 이동한다는 점에서는 같지만 중계무역은 수입, 수출 두 건의 거래가 발생하고, 외국인도수출은 수출거래만 발생한다는 점이 다르다. 또한 외국인도수출의 경우에는 물품대금조로 외국환은행에 입금되는 입금액 전액에 대해서 수출실적을 인정해 주지만 중계무역의 경우에는 수출금액에서 수입금액을 뺀 가득액에 대해서만 수출실적으로 인정받을 수 있다.

중계무역상을 통해서 거래하는 이유

중계무역상을 통해서 거래를 하는 이유는 여러 가지가 있다. 우선 수출자와 수입자가 서로 상대방에 대한 정보가 없어서 중계무역상을 통해서 거래를 하는 경우다. 이런 경우는 장기적으로 중계무역상을 배제하고 직접 거래에 나설 가능성이 높다. 본격적인 중계무역은 중계무역항을 통해서 이루어진다. 관세가 부과되지 않고 물류비가 절감되는 자유무역항을 통해서 거래가 이루어짐으로써 당사자 간에 직접 거래하는 것보다 경쟁력이 있기 때문이다. 이와 같은 중계무역이 활발하게 이루어지는 중계무역국가로는 유럽의 네덜란드와 벨기에, 동남아시아의 홍콩과 싱가포르, 중남미의 파나마, 중동의 두바이 등이 있다. 마지막으로 중계무역상을 통해서 거래함으로써 거래의 안전성을 확보할 수 있고 수입업체의 입장에서 외상수입의 혜택을 볼 수 있을 때도 중계무역이 성립된다.

ㅈ

중소중견 Plus+보험

보험계약자인 수출기업은 연간 보상한도에 대한 보험료를 납부하며 수입자 위험, 신용장 위험, 수입국 위험 등 보험계약자가 선택한 담보위험으로 손실이 발생할 때 한국무역보험공사가 책임금액 범위 내에서 손실을 보상하는 보험. 단기수출보험은 개별 수출거래 건별로 보험계약이 체결되지만 중소중견 Plus+보험은수출기업의 전체 수출거래를 대상으로 위험별 책임금액을 설정해 운영한다.

중장기수출보험

결제기간이 2년을 초과하는 수출계약을 체결한 후 수출이 불가능하게 되거나 수출대금을 받을 수 없는 경우의 손실을 보상해 주는 보험.

중재(Arbitration)

당사자 쌍방의 중재합의에 의하여 공정한 제3자를 중재인으로 선정하고, 중재인이 내린 중재판정에 무조건 복종함으로써 분쟁을 해결하는 방법. 중재판정의 효력은 법원의 확정판결과 동일하며, UN에서 제정한 뉴욕협약New York Convention에 의거 외국에서도 강제집행이 보장되어 자국에서만 효력이 보장되는 소송보다 효력의 범위가 더 넓다.

지급신용장(Payment L/C)

개설은행이 해외의 본지점이나 예치환거래은행을 지급은행 Paying Bank으로 지정하고, 해당 은행으로 하여금 선적서류와 상환하여 신용장대금을 지급해 줄 것을 위탁하는 신용장으로서 선적서류의 제시 즉시 대금이 지급되는 일람지급신용장Sight Payment L/C과 일정 기간 후에 대금이 지급되는 연지급신용장Deferred Payment L/C으로 나누어진다.

지급신용장방식에서는 지급은행 외의 제3의 은행에 의한 매입이 허용되지 않으며 환어음도 발행되지 않는다.

지급은행(Paying Bank)

개설은행으로부터 수익자에게 신용장대금을 지급해 주도록 위탁받은 은행으로서 개설은행의 본지점이나 예치환거래은행이 된다.

지급인(Drawee)

환어음에 명시된 금액을 지급하도록 지정되어 있는 자. 무역거래에서는 결제방식에 따라 지급인이 달라진다. 즉, 신용장방식의 거래에서는 개설은행 또는 개설은행으로부터 대금결제를 위임받은 상환은행(결제은행)이 환어음의 지급인이 된다.

한편 추심방식에서는 은행이 지급을 확약하지 않으므로 수입자가 환어음의 지급인이 된다.

지급정지명령(Injunction)

신용장개설은행에 대금지급을 금지하는 법원의 결정. 원래 신용장거래에서는 신용장조건과 일치하는 서류가 제출되면 무조건 대금지급이 이루어져야 하지만, 일부 국가에서 서류위조 등의 신용장 사기의혹을 빌미로 법원에서 지급정지명령을 내리는 경우가 있다.

지시식선하증권(Order B/L)

Consignee 난에 'to order' 또는 'to the order of 개설은행명'과 같이 수하인을 지정하지 않고 지시식으로 표기한 선하증권으로서 결제방식이 신용장방식일 때 주로 사용한다.

신용장방식의 거래에서 지시식선하증권을 사용하는 이유는 수입자가 신용장대금을 결제하지 않을 경우 개설은행에서 자체적으로 화물을 처분할 수 있도록 하기 위함이다. 즉, 처음부터 Consignee를 수입자로 지정해 놓으면 수입자가 신용장대금을 결제하지 않을 때 은행에서 화물을 처리하는 데 문제가 있으므로 은행의 지시에 따르도록 하는 것이다.

지연이자(Delay Charge)

수출의 경우 개설은행의 대금지급이 지연되거나 수입의 경우 수입자의 대금지급이 지연될 경우 각각 매입은행이나 개설은행에서 수출자 또는 수입자에게 부과하는 수수료.

지정장치장

세관장의 지정을 받아 통관을 하기 위한 물품을 일시적으로 보관하는 장소. 보세창고는 영리목적으로 운영되는 특허보세구역에 속하고, 지정장치장은 공익목적으로 운영되는 지정보세구역에 속한다.

지주(Shoring)

컨테이너화물의 경우 화물의 안정성을 위하여 목재 등을 사용하여 화물의 위치를 고정시키는 작업을 뜻하며, 재래선의 경우에는 선내에 적재된 화물의 적부의 균형을 잡게 하거나 고정시키는 작업을 뜻한다.

청약(Offer)

매매조건을 제시하면서 그러한 조건으로 물품을 판매 또는 구매하겠다는 의사표시를 하는 것. 청약의 효력은 상대방에게 도달했을 때 발생하며 다음의 경우에는 소멸된다.

① 청약의 철회 및 취소

② 청약의 거절

③ 청약의 내용을 추가, 제한 또는 변경하여 승낙

④ 반대청약

⑤ 승낙기간의 경과

체선료(Demurrage)

CY에 반입된 컨테이너를 정해진 기간 내에 반출하지 않을 때 선박회사가 화주에게 부과하는 비용. 벌크화물Bulk Cargo의 경우에는 정해진 기간 내에 선적이나 하역을 하지 못해서 선박의 출항이 지연되는 경우 선박회사에서 화주에게 부과하는 비용을 뜻한다.

체화할증료(PCS: Port Congestion Surcharge)

도착항의 항만이 혼잡하여 하역이 지체됨으로써 발생하는 선박회사의 피해를 보전하기 위해서 부과되는 할증료.

총액(Amount)

물품의 단가Unit Price에 수량을 곱한 총금액.

추심결제방식

수출자의 요청에 따라 은행이 수입자로부터 물품대금을 받아서 전해주는 방식. 이때 은행은 단지 수입자가 지급한 물품대금을 수출자에게 전달해 주는 역할만 할 뿐 신용장처럼 수입자를 대신해서 대금지급을 약속하지는 않는다. 따라서 추심방식의 거래에서 수입자가 대금을 지급하지 않으면 수출자는 물품대금을 받을 수가 없다.

추심방식은 D/P와 D/A로 나누어진다. D/P란 Documents against Payment의 약어로서 수입자의 은행에서 수입자가 물품대금을 지급해야만 서류를 인도하는 방식을 뜻한다. 수입자는 서류가 있어야만 물품을 찾을 수 있기 때문에 수출자는 최악의 경우 물품대금은 받지 못하더라도 물품은 확보할 수 있다.

D/A란 Documents against Acceptance의 약어로서 은행에서 수입자로부터 일정기간 후에 물품대금을 지급하겠다는 약속만 받고 서류를 인도하는 방식을 뜻한다. D/A방식의 거래에서 수입자가 물품대금을 지급하는 시기는 수출자와 수입자 간의 매매계약 시에 별도로 합의한다. 예를 들어 'D/A 90 days from B/L date'라고 하면 선하증권발행일로부터 90일 후에 물품대금을 지급한다는 뜻이다. 만약 약속한 날짜에 수입자가 물품대금을 지급하지 않으면 은행에서 대금지급을 책임지지 않기 때문에 수출자는 물품대금을 떼이게 된다.

추심환(Collection Exchange)

채권자인 수출자가 은행에 추심을 의뢰하여 물품대금을 회수하는 방식. 한편 채무자인 수입자가 채권자인 수출자에게 물품대금을 지급하기 위해서 은행에 송금을 의뢰하는 방식을 송금환이라고 한다.

추정전손(Constructive Total Loss)

전체적으로 멸실되지 않았더라도 손해의 정도가 본래의 효능을 상실하거나 복구비용이 해당 물품의 시장가격을 초과하여 전손으로 추정될 정도의 손해. 추정전손의 경우에는 위부Abandonment에 의해서 보험금액 전액을 청구할 수 있다.

취소불능구매발주서(ICPO: Irrevocable Corporate Purchase Order)

한 번 발급하면 취소가 불가능한 구매발주서.

취소불능신용장(Irrevocable L/C)

신용장 관련당사자 전원의 합의 없이는 취소하거나 조건변경이 불가능한 신용장. 무역거래에 사용되는 신용장은 모두 취소불능신용장이며 신용장에 취소불능이라는 표시가 없어도 취소불능으로 간주한다.

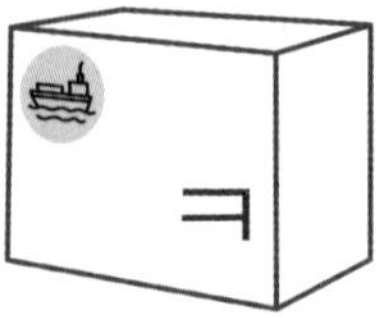

컨테이너(Container)

화물을 보다 능률적이고 경제적이며 안전하게 운송하기 위한 용기. 컨테이너는 크기에 따라 20피트 컨테이너(길이 5.898m×폭 2.348m×높이 2.376m)와 40피트 컨테이너(길이 12.031m×폭 2.348m×높이 2.376m)로 나누어지며, 컨테이너의 대형화에 따라 45피트 점보Jumbo 컨테이너와 하이큐빅High Cubic컨테이너의 사용도 늘어나고 있다.

또한 용도에 따라 일반화물을 적재하는 드라이Dry Cargo컨테이너, 농산물이나 축산물같이 보온 또는 보냉운송이 필요한 화물을 적재하는 냉동Refrigerated 또는 Reefer컨테이너, 지붕이 개방된 오픈탑Open Top컨테이너, 액체상태의 식품이나 화학제품을 적재하는 탱크Tank 컨테이너, 살아 있는 동물을 수송하는 데 사용하는 라이브스탁Live Stock컨테이너 등이 있다.

컨테이너야적장(CY: Container Yard)

선박에 컨테이너를 싣기 전이나 선박에서 내린 컨테이너를 모아두는 장소로서 컨테이너선이 이용하는 컨테이너터미널 내에는 복수의 컨테이너야적장이 있다. 선박회사의 입장에서 수많은 송하인 또는 수하인을 상대로 개별적으로 컨테이너를 인수하거나 인도하기가 힘들기 때문에 컨테이너야적장을 지정해서 송하인 또는 수하인들로 하여금 해당 컨테이너야적장에서 화물을 인도하거나 인수해 가도록 한다.

컨테이너 운송(Container Transportation)

화물을 컨테이너에 적재하여 운송하는 방식. 한편 곡물이나 광물 등과 같이 컨테이너에 적재하여 운송할 수 없는 화물을 선박에 직접 적재하여 운송하는 방식을 벌크 운송Bulk Transportation이라고 한다.

컨테이너작업장(CFS: Container Freight Station)

복수의 송하인으로부터 LCL 화물을 인수해서 컨테이너에 적재하는 작업을 하거나 수입된 LCL 화물을 컨테이너에서 하역하는 작업을 하는 장소.

FCL 화물은 개별 송화인이나 수화인이 원하는 장소에서 컨테이너에 물건을 적재하거나 하역하지만 LCL 화물의 경우에는 컨테이

ㅋ

너터미널에 위치한 CFS에서 물건을 적재하거나 하역함으로써 복수의 장소에서 물건을 적재하거나 하역하는 데 따르는 비용 및 시간상의 낭비를 막을 수 있다.

컨테이너터미널(Container Terminal)

컨테이너 전용부두에 설치되어 있는 컨테이너 집결지를 뜻하며 수출화물이 선적되기 전이나 수입화물이 하역되어 대기하는 장소이다.

크로스환율(Cross Rate)

기축통화(우리나라의 경우 미 달러화)와 다른 외국통화 간의 환율.

클레임(Claim)

계약의 당사자 중 한쪽에서 계약을 이행하지 않음으로 인해서 발생하는 손해를 보상받기 위해서 피해자가 손해배상을 청구하는 권리 또는 그와 같은 권리를 행사하는 것.

무역클레임은 다양한 계약조건을 대상으로 제기되지만 가장 대표적인 것이 수출자가 선적한 물품의 품질이나 수량에 이상이 있는 경우다. 수입자의 입장에서 물품이 도착하면 가급적 빨리 물품을 검사해서 이상이 있으면 즉시 수출자에게 통지하고 손해배상을 청구해야 한다.

무역클레임의 제기 기한은 나라마다 다르고 애매하게 규정되어 있는 경우가 많으므로 중요한 무역거래에 대한 계약을 체결할 때는 별도로 명시해 두는 것이 좋다

• **클레임 관련 영문 표현**

클레임을 제기하다 Make(File, Put in) a claim

ㅋ

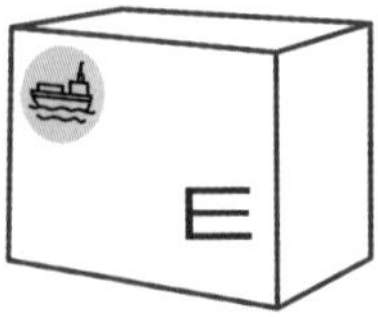

타발환(Inward Exchange)

송금 또는 추심을 의뢰받은 당발은행의 상대은행인 타발은행의 입장에서 보는 송금환.

탄력관세(Elastic Tariff)

급격하게 변하는 국내외의 경제상황에 신속하게 대응하기 위하여 적용하는 관세로서 탄력관세율은 행정부에서 결정한다. 탄력관세의 종류는 다음과 같다.

① 덤핑방지관세 – 덤핑수입이 우려될 때 부과하는 관세

② 상계관세 – 교역상대국에서 보조금을 지급받은 물품이 저가로 수입될 우려가 있을 때 부과하는 관세

③ 보복관세 – 교역상대국의 부당한 조치에 대항하기 위하여 부과하는 관세

④ 긴급관세 – 특정물품의 수입이 증가하여 국내산업의 피해가 우려될 때

부과하는 관세

⑤ 특정물품긴급관세 - 특정국으로부터 수입이 급증하거나 가격이 급락할 때 부과하는 관세

⑥ 농림축산물에 대한 특별긴급관세 - 농림축산물의 수입이 급증하거나 가격이 급락할 때 부과하는 관세

⑦ 조정관세 - 수입시장의 급격한 변화로 인한 문제를 시정 또는 방지하기 위하여 부과하는 관세

⑧ 할당관세 - 수입물량을 조절하기 위하여 일정한 쿼터를 정해놓고 해당 쿼터만큼 수입되는 물량에 대해서는 무세 내지 저세율을 적용하고 그 이상 수입되는 물량에 대해서는 고세율을 적용하는 것

⑨ 계절관세 - 계절에 따른 가격변동이 심한 물품의 수입량을 조절하고자 관세율을 인상 또는 인하하는 것

⑩ 편익관세 - 조약 미체결국가로부터 수입되는 물품에 대하여 이미 조약이 체결된 국가에 적용되는 편익의 한도 내에서 편익을 제공하는 것

탄소종합보험

교토의정서에서 정하고 있는 탄소배출권 획득사업을 위한 투자, 금융, 보증 과정에서 발생할 수 있는 손실을 종합적으로 담보하는 보험.

E

탱크컨테이너(Tank Container)

액체상태의 식품이나 화학제품을 적재하는 컨테이너.

터미널화물처리비(THC: Terminal Handling Charge)

수출화물의 경우 CY에 입고된 시점부터 본선선측에 도착할 때까지, 수입화물의 경우에는 본선선측에서부터 CY에 입고될 때까지 화물의 이동에 따르는 화물처리비용.

토마스신용장(Tomas L/C)

수출자가 신용장을 받은 날로부터 일정한 기일 내에 수입자에게 Counter L/C를 개설해야 신용장이 유효하다는 조건을 단 동시개설신용장으로서 수출자는 언제까지 Counter L/C를 개설하겠다는 내용의 보증서를 제출해야 한다. 연계무역에서 사용되는 신용장이며 일반적인 무역거래에서는 거의 사용되지 않는다.

통관(Customs Clearance)

무역 관련법령에 의거 물품의 수입과 수출에 따른 각종 규제사항을 확인하고 관세를 부과하기 위한 세관의 통과절차.

통지수수료(Advising Commission)

통지은행에서 수익자에게 신용장을 통지할 때 징수하는 수수료.

통지은행(Advising Bank)

개설은행으로부터 신용장을 접수하여 수익자에게 통지해 주는 은행.

통지인(Notify Party)

운송인이 화물의 도착을 통지해 주는 상대방으로서 통상적으로 수입자를 통지인으로 지정한다.

통합공고

식품위생법, 약사법, 화장품법, 전기용품안전관리법, 자연환경보호법 등과 같은 개별법에 의한 품목별 수출입 제한내용을 통합하여 공고하는 것. 수출입공고가 경제정책목표 달성을 위한 공고인데 반해서 통합공고는 국민보건 및 안전, 사회질서유지, 문화재보호, 환경보호 등과 같이 경제외적 목표를 달성하기 위한 공고이다.

동일한 품목의 수출입에 대하여 수출입공고와 통합공고가 서로 다른 제한을 하고 있다면 두 가지 제한 모두의 적용을 받는다.

통합공고는 조문과 별표로 이루어져 있으며 품목별로 수출입공

E

고와 개별법의 내용을 정리해 놓은 품목별수출입요령을 별표에 포함시켜 놓았으므로 취급할 품목이 정해지면 해당 품목의 품목별수출입요령에서 수출입의 제한 여부를 확인해야 한다. 품목별수출입요령은 한국무역협회 웹사이트에서 확인할 수 있다.

통화할증료(CAF: Currency Adjustment Factor)

운임표시 통화의 가치하락에 따른 손실을 보전하기 위해서 부과하는 할증료.

특별소비세

개별소비세의 예전 명칭.

특정물품긴급관세

특정국으로부터 수입이 급증하거나 가격이 급락할 때 부과하는 관세.

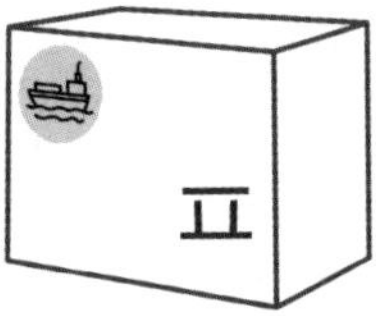

파손화물보상장(L/I: Letter of Indemnity)

화물 인수 시 발견된 하자로 인해서 발생하는 화물의 손상에 대해서 화주가 책임을 지며 선박회사는 면책된다는 내용을 기재한 서식으로서 이 서식에 의거 파손화물에 대한 최종 보상책임은 수출자가 부담하게 된다.

운송인이 화물을 인수받았을 때 포장상태나 수량 등에 하자가 있을 경우 추후 책임을 지지 않기 위해서 Remark 난에 하자내용을 기재한 사고선하증권Foul B/L을 발행한다.

사고선하증권은 은행에서 매입을 거절하므로 수출자는 하자내용을 보완한 후 무사고선하증권을 발급받아야 하는데 선적기일 내 하자보완이 불가능한 경우에 무사고선하증권을 교부받기 위해서 제출하는 서류가 파손화물보상장L/I: Letter of Indemnity이다.

판매적격품질조건(GMQ: Good Merchantable Quality)

인도 당시의 품질이 판매하기에 적합한 것을 인도하기로 약정하는 것. 이 조건은 목재류나 냉동어류, 광산물과 같이 잠재적인 하자가 있을 가능성이 많은 물품의 거래에 주로 사용되며 품질의 등급과 상관없이 인도 당시에 상품성이 보장되는지 여부만 가리는 조건이다.

팩토링(Factoring)

수출자가 수입자에게 무신용장방식으로 외상수출한 후 수출채권을 팩토링회사에 일괄 양도하고 팩토링회사로부터 수출대금의 전부 또는 일부를 미리 지급받는 방식으로서 다음과 같은 순서로 업무가 진행된다.

① 수출자와 수입자 간의 계약 ② 수출자가 물품을 선적 ③ 수출자가 수출팩터링 계약을 체결한 수출팩터에게 선적서류를 제출하고 수출채권을 수출팩터에게 양도 ④ 수출팩터가 수출자에게 수출대금을 선지급 ⑤ 수출팩터가 수입자와 수입팩터링 계약을 체결한 수입팩터에게 선적서류 송부 ⑥ 수입팩터가 수입자에게 서류 인도 ⑦ 수입자가 물품인수하고 약정된 기일에 수입팩터에 대금결제 ⑧ 수입팩터가 수출팩터에게 대금 송금.

팩토링방식에서는 수출국팩토링회사Export Factor가 고객으로부터 기한부 어음을 매입하여 외국의 금융기관에 매도하는 방법으로 금융이 제공되며, 수입국팩토링회사Import Factor는 수입자에 대한 신용조사, 수출채권의 관리 및 수입자로부터의 대금회수 서비스 등을 제공한다.

수입팩터가 수입자에 대한 신용을 승인하면 수입자의 클레임이 제기되지 않는 한 수출자는 해당 신용승인 한도 내에서 대금지급을 보장받는다. 따라서 수출자는 외상수출로 인한 대금회수 불안에서 벗어날 수 있으며 해당 외상수출채권을 수출팩터에게 양도함으로써 조기에 수출대금을 회수할 수 있다. 다만 물품에 하자가 있거나 수출자가 계약조건을 위반하여 수입자가 대금지급을 거절하는 경우에는 수입팩터가 물품대금의 지급을 거절할 수 있다.

한편 수입자의 입장에서는 외상수입이 가능하고 수입대금을 결제하기 전에 물품의 품질을 확인할 수 있어 안심하고 수입할 수 있다.

국제팩토링방식은 30만 달러 이하의 소액거래면서 외상기간이 1년 이하일 때 주로 사용된다.

페이팔(PayPal)

인터넷을 이용한 결제서비스로서 페이팔 계좌끼리 또는 신용카드를 이용하여 송금하는 방식.

편익관세(Beneficial Duty)

조약 미체결국가로부터 수입되는 물품에 대하여 이미 조약이 체결된 국가에 적용되는 편익의 한도 내에서 편익을 제공하는 것.

평균균등품질조건(FAQ: Fair Average Quality)

해당 연도, 해당 지역에서 생산되는 동종 생산물 가운데 대체로 중간 정도의 품질에 해당하는 것을 인도하기로 약정하는 것. 이 조건은 곡물이나 과일의 매매에 사용되며 특히 이들 품목의 선물거래에 많이 사용된다.

평균세액증명서

수출용원재료를 HSK 10단위별로 통합함으로써 규격확인을 생략하고 전체물량의 단위당 평균세액을 산출하여 증명하는 서식.

개별환급방식에 의해서 관세환급을 받기 위해서는 원칙적으로 수출품을 제조·가공하기 위해서 사용한 원재료와 관세 등을 납부한 수입원재료의 규격이 일치해야 하지만 규격이 다양한 원재료를 사용하는 경우 해당되는 규격을 확인할 수 있는 서류를 별도로 준비하는 것이 쉽지 않다.

이와 같은 문제를 해결하기 위해서 도입된 서식이 평균세액증명서이며 개별환급절차를 간소하게 하기 위해서 고안된 제도이다.

평균세액증명서 발급대상은 해당 월에 수출용으로 수입하거나 내국신용장이나 구매확인서에 의하여 매입한 전량이 되며 HSK 10단위별로 발급한다.

포워더(Forwarder)

운송주선업자라고 불리우며 운송과 관련된 모든 업무를 일괄해서 대행해 주는 업체를 뜻한다. 무역업체를 대신해서 컨테이너를 수배하고 선박회사나 항공사와의 예약업무에서부터 운송이 완료되기까지의 모든 업무를 처리해 주고 수수료를 받는다.

ㅍ

포장명세서(Packing List)

수출물품의 포장상태 및 포장내역을 표시한 서식으로서 물품의 포장상태를 파악할 수 있도록 포장단위별 포장내역, 총중량, 순중량, 부피 등을 표시한다.

포장조건

무역거래에서 수출할 물품의 포장을 어떻게 할지를 정하는 것으로서 무역서식에서는 'Packing'이라고 표기한다. 거래당사자는 물품의 특성이나 수출자의 포장여건, 수입자의 판매방식 등을 감안하여 포장재, 포장단위, 포장방식을 정한다. 포장조건에 대해서 구체적인 합의가 없는 경우에는 무역서식에 'Export Standard Packing'이라고 기재한다.

포페이팅(Forfaiting)

수출자가 무역거래에서 발생하는 장기외상채권을 포페이터Forfaitor에게 할인양도하는 방식으로서 대금결제방식이라기보다는 금융기법의 일종이라고 할 수 있다.

포페이터는 신용장 또는 보증은행에서 발행하는 지급보증서나 보증을 믿고 해당 외상채권을 매입한 후 채권 만기에 원리금을 지급받는다. 여기서 보증Aval이란 장기외상채권과 관련하여 수출자가 발행한 환어음이나 수입자가 발행한 약속어음의 지급을 보증한다는 의미로 어음의 뒷면에 'Aval'이라고 표시하는 것을 뜻한다.

포페이팅방식의 거래는 ① 수출자와 수입자 간의 계약 ② 수출자가 물품을 선적 ③ 수출자가 포페이팅 계약을 체결한 포페이터에게 수출채권 양도 ④ 포페이터가 수출자에게 수출대금 지급 ⑤ 포페이터가 만기일에 신용장개설은행 또는 보증은행에 어음 제시 ⑥ 신용장개설은행 또는 보증은행에서 포페이터에게 대금지급 ⑦ 신용장개설은행 또는 보증은행에서 수입자에게 어음 제시 ⑧ 수입자가 신용장개설은행 또는 보증은행에 대금결제와 같은 방식으로 업무가 진행된다.

포페이팅방식에서 포페이터는 수출자에게 상환청구권을 행사하지 않는 조건으로 외상채권을 매입한다. 따라서 수출자는 수입자의 도산, 신용장개설은행의 파산, 수입국가의 디폴트Default 등의 사유로 대금회수가 불가능하게 되어도 이미 지급받은 수출대금을 반환할 의무가 없다. 단 수입지 법원의 지급정지가처분Court Injunction에 의한 만기부도의 경우는 예외로 한다.

포페이팅은 100만 달러 이상의 거액이면서 외상기간이 장기(1~10년)인 자본재 거래에 주로 사용된다.

품질조건

ㅍ

무역거래의 대상이 되는 물품이 어떤 물품인지를 정하는 것으로서 무역서식에서는 Description, Item, Commodity, Article 등으로 표기한다. 바이어와 셀러 간에 어떤 물품을 사고팔지를 정할 때는 해당 물품의 품명뿐만 아니라 규격, 모델번호, 색상 등을 구체적으로 명시해야 한다.

하지만 아무리 물품의 내역을 구체적으로 명시한다고 해도 실제로 선적한 물품의 품질에 대해서 바이어와 셀러 간에 해석이 달라질 수 있으므로 보다 명확하게 품질을 정하기 위해서는 셀러가 해당 물품의 샘플이나 사진, 동영상 등을 제공하는 것이 바람직하다.

한편 국제적으로 알려진 유명브랜드의 경우에는 브랜드만으로 상품의 품질을 정하기도 하며, 샘플을 제공할 수 없는 선박, 항공기, 대형기계류나 설비 등의 경우에는 설계도면과 같은 규격서 Specification나 설명서에 의해서 품질을 정하기도 한다.

또한 ISO International Standardization Organization, CE Conformité Européene, JIS Japan Industrial Standard 등과 같이 국제기구 또는 해당 국가에서 설정한 기준을 품질조건으로 추가하기도 한다.

피보험자(Insured, Assured)

피보험이익의 수혜자로서 사고발생 시 보험금을 청구하여 지급받을 권리를 갖는 자를 뜻한다.

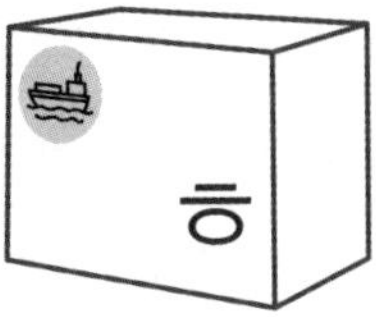

하역(Unloading)

선박에서 물품을 내리는 것.

하자수수료(Discrepancy Fee)

신용장방식의 거래에서 선적서류에 하자가 있음에도 은행에서 대금을 지급하는 경우 청구금액에서 차감하는 방식으로 징수하는 수수료.

할당관세(Quota Tariff)

수입물량을 조절하기 위하여 일정한 쿼터를 정해놓고 해당 쿼터만큼 수입되는 물량에 대해서는 무세 내지 저세율을 적용하고 그 이상 수입되는 물량에 대해서는 고세율을 적용하는 것.

항공수입화물인도승낙서

신용장개설은행에서 수입자에게 화물이 인도되는 것을 승낙하는 취지로 항공사 앞으로 발행하는 서류. 신용장방식으로 거래하는 경우 AWB상의 Consignee가 개설은행으로 명시되기 때문에 수입자가 항공사로부터 화물을 인수하기 위해서는 개설은행의 승낙이 필요하다. 이와 같은 취지로 발행되는 것이 항공수입화물인도승낙서이며 수입자는 개설은행으로부터 항공수입화물인도승낙서를 발급받아서 항공사에 제출하고 화물을 인수한다.

항공운송(Air Transportation)

항공기를 이용하여 물품을 운송하는 것으로서 다른 운송방식에 비해 신속한 운송이 가능하다는 장점이 있으나 운송비가 상대적으로 비싸서 긴급을 요하거나 고가품인 경우에만 제한적으로 사용된다.

항공화물운송장(AWB: Air Waybill)

항공으로 화물을 운송할 경우 항공사 또는 항공화물운송대리점에서 발행하는 항공화물수령증. 선하증권은 유가증권으로서 유통이 가능한 반면에 항공운송장은 화물의 수령을 증명하는 영수증에 불과하며 유통이 불가능하다.

항공운송장은 기명식으로만 발행되며 항공운송장상에 명시된 Consignee에게 화물이 인도되는 순간 효력이 소멸된다. 항공화물 운송장은 세 장의 원본이 발행되며 제1원본(녹색)은 운송인용, 제2원본(적색)은 수하인용, 제3원본(청색)은 송화인용이다.

해상보험(Marine Insurance)

해상에서 발생하는 모든 위험을 대상으로 하는 보험으로서 보험의 목적물을 기준으로 적하보험과 선박보험으로 구분할 수 있다. 이 중 적하보험은 화물이 적재될 때부터 하역될 때까지 발생하는 분실이나 파손에 대한 손해를 보상해 주는 보험이고, 선박보험은 선박이 건조·항해·수리·정박 중에 발생하는 멸실이나 파손으로 인해 발생하는 선박의 손해 및 배상책임으로 인한 손해를 보상받을 수 있는 보험이다.

해상선하증권(Ocean B/L)

해상운송 시 발행되는 선하증권으로서 국내항구 간 또는 내륙운송 시에 발행되는 선하증권과 구분하여 사용한다.

해상운송(Ocean Transportation)

선박을 이용하여 해상으로 물품을 운송하는 것으로서 육상운송

ㅎ

이나 항공운송에 비해 대량운송이 가능하고 운송비가 저렴하다는 장점이 있으나 운송시간이 많이 걸린다는 단점이 있다.

해상화물운송장(SWB: Sea Waybill)

운송인이 화물을 인수하였음을 증명하고 동 화물을 운송하여 운송장에 명시한 수하인에게 인도할 것을 약정하는 운송계약증서.

해상화물운송장은 화물인수증이자 운송계약의 증빙서류라는 점에서는 선하증권과 다를 바 없으나 화물에 대한 청구권을 갖는 유가증권이 아니며 유통시킬 수 없다는 점에서 선하증권과 구별된다.

수하인이 물품을 수령할 때 운송인에게 해상화물운송장을 제출할 필요가 없으므로 인접국가 간의 거래에서 화물보다 서류가 늦게 도착함으로써 물품의 인도가 지연되는 것을 피할 수 있으며 원본 분실의 위험으로부터 자유로울 수 있다는 등의 장점이 있다.

이러한 장점 때문에 선하증권 대신 해상화물운송장을 사용하는 경우가 늘어나고 있으며 인코텀즈와 신용장통일규칙에서도 물품인도의 증빙서류로서 해상화물운송장을 명시적으로 인정하고 있다.

해외공사보험

해외공사계약 상대방의 신용위험 발생, 해외공사 발주국 또는 지급국에서의 비상위험 발생에 따라 입게 되는 손실을 보상해 주는 보험.

해외사업금융보험

국내외 금융기관이 외국인에게 수출증진이나 외화획득의 효과가 있을 것으로 예상되는 해외사업에 필요한 자금을 상환기간 2년 초과 조건으로 공여하는 금융계약을 체결한 후 대출 원리금을 상환받을 수 없게 됨으로써 입게 되는 손실을 보상해 주는 보험.

현실전손(Actual Total Loss)

실제로 물품 전체가 멸실되어 복구가 불가능할 정도로 발생한 손해.

현찰매도율(Cash Selling Rate)

고객이 은행에서 현찰을 살 때 적용하는 환율.

현찰매입율(Cash Buying Rate)

고객이 은행에 현찰을 팔 때 적용하는 환율.

ㅎ

협정관세(Conventional Tariff)

특정국가 또는 국제기구와의 협상을 통해서 양허한 관세로서 이때 적용되는 세율을 협정세율 또는 양허세율이라고 한다.

협정관세에는 세계무역기구협정 일반양허관세(WTO일반협정관세), 세계무역기구협정 개발도상국 간의 양허관세(WTO개도국협정관세), 아시아·태평양 무역협정 양허관세, 유엔개발회의 개발도상국 간 특혜무역제도의 양허관세(UN개도국협정관세) 및 전 세계 각국과의 관세협상에 따른 국제협력관세가 있다.

혼합결제방식(Mixed Payment)

두 가지 이상의 방식을 혼합한 결제방식. 예를 들어 대금의 일부는 사전송금방식으로 결제하고 나머지는 사후송금방식 또는 신용장방식이나 추심방식으로 결제하는 방식을 뜻하며 수출자와 수입자가 위험부담을 나누기 위한 방편으로 사용한다.

화물도착통지서(Arrival Notice)

운송인이 통지인Notify Party에게 화물의 도착스케줄을 통보해 주는 서류.

화물인도지시서(D/O: Delivery Order)

화물이 도착하였을 때 선박회사에서 선장이나 하역업자에게 물건을 수입자에게 인도하도록 지시하는 서식.

화인(Shipping Mark)

수출품을 포장한 박스의 표면에 표시하는 것. 화인Shipping Mark의 모양 및 구체적인 내용은 수입자가 정해서 수출자에게 알려주는 것이 일반적이나 수입자가 별도의 화인을 정하지 않을 경우에는 수출자가 임의로 표시하기도 한다. 인코텀즈의 규정에 따라 수출자는 수입자의 요청이 없더라도 반드시 화인Shipping Mark을 표시해야 한다.

통상적으로 수입자가 자신의 물건을 쉽게 찾을 수 있도록 수입자의 이니셜과 도착항을 표시한다. 또한 여러 종류의 물건을 같이 싣는 경우 포장박스 안에 어떤 물건이 실려 있는지를 쉽게 확인할 수 있도록 포장박스마다 일련번호를 붙이고 포장명세서에 포장내역을 표시한다.

화환신용장(Documentary L/C)

수출자가 물품을 선적하고 환어음과 함께 상업송장, 선하증권 등과 같이 신용장에서 요구하는 선적서류를 제시하면 선적서류와 상환하여 신용장대금이 지급되는 신용장으로서 일반상품 거래에서는 대부분 화환신용장이 사용된다.

화환신용장에 대비되는 개념으로 선적서류의 제시 없이 신용장대금이 지급되는 무화환신용장Clean L/C이 있으며 무화환신용장은 다시 화물의 존재유무에 따라 보증신용장Standby L/C과 무담보신용장Documentary Clean L/C으로 나누어진다.

보증신용장Standby L/C이란 물품거래와 상관없이 순수한 보증목적으로 사용되는 신용장으로서 해외지사의 현지금융을 보증하거나 국제입찰 시 계약보증금, 이행보증금 등을 조달하는 데 이용하는 신용장이다. 무담보신용장Documentary Clean L/C은 화환신용장과 마찬가지로 일반상품의 거래에 사용되는 신용장이나 선적서류의 제시 없이 수출자가 발행한 환어음과 상환하여 신용장대금이 지급되는 신용장을 뜻한다. 이때 선적서류는 은행을 통하지 않고 수출자가 수입자에게 직접 발송한다.

화환어음(Documentary Bill of Exchange)

환어음에 화물이 실렸다는 증거인 운송서류(B/L 또는 AWB)를 첨부하여 제출하는 어음으로서 화환신용장Documentary Credit이란 화환어음을 요구하는 신용장을 뜻한다.

확인수수료(Confirmation Charge)

확인은행에서 별도의 지급확약을 해주는 대가로 징수하는 수수료.

확인신용장(Confirmed L/C)

개설은행의 신용이 불확실할 때 제3의 은행에서 추가적으로 대금지급을 확약하는 신용장. 이때 확인은행의 지급확약은 개설은행의 지급확약에 따른 부차적인 지급확약이 아니라 별도의 독립적이고 직접적인 지급확약이다. 확인신용장은 개설은행의 신용이 불확실한 개발도상국과의 거래에 주로 사용된다.

확인은행(Confirming Bank)

개설은행의 신용을 믿을 수 없을 때 개설은행과 별도로 신용장 대금의 지급을 확약해 주는 은행.

확정손해배상액(Liquidated Damages)

계약불이행 시 지급해야 할 손해배상액을 미리 확정해 놓은 것.

환(Exchange)

대금결제를 현금으로 하지 않고 금융기관에 지급을 위탁하는 방식으로 처리하는 수단 또는 그 방식을 뜻하며, 외환Foreign Exchange이

ㅎ

란 서로 다른 국가 간의 대금결제에 사용하는 환을 뜻한다.

환가료(Exchange Commission, Periodic Interest)

신용장방식의 거래에서 매입은행이 수출자에게 미리 신용장대금을 지급하고 개설은행으로부터 동 대금을 수취할 때까지의 기간에 대해서 이자 성격으로 징수하는 수수료.

환변동보험

수출입거래에서 발생하는 환율변동으로 인한 손실을 보상해 주는 보험.

환어음(Bill of Exchange, Draft)

채권자가 채무자에게 어음에 기재된 금액을 어음상의 권리자(지명인 또는 소지인)에게 지급할 것을 위탁하는 증권으로서 결제방식이 신용장방식이거나 추심방식일 경우에 발행되며, 송금방식으로 대금을 결제할 경우에는 통상 환어음을 발행하지 않는다.

신용장방식의 거래에서는 채권자인 수출자가 채무자인 개설은행 앞으로 발행하며 환어음에 기재된 금액을 매입은행(수출자가 선적서류를 제출하고 신용장대금을 지급받는 은행)에 지급하라는 내용으로 작성한다.

원래 신용장은 개설은행(수입자의 거래은행)에서 수익자(수출자)에게 신용장대금을 지급하겠다고 약속하는 증서이기 때문에 수출자는 물건을 선적하고 선적서류를 개설은행에 제출하고 대금을 지급받아야 하지만 수출자와 개설은행은 서로 거래관계가 없고 외국에 있기 때문에 개설은행에 서류를 제출하고 대금을 지급받는 것은 현실적으로 어려움이 있다.

이런 문제를 해결하기 위해서 개설은행이 아닌 제3의 은행(주로 수출자의 거래은행)에서 수출자로부터 서류를 매입하고 대금을 지급할 수 있도록 허용하는데 이런 신용장을 매입신용장이라고 한다.

매입신용장에 의거 물건을 선적한 수출자는 매입은행에 선적서류를 제출하고 신용장대금을 수취하는데 이때 선적서류와 함께 개설은행 앞으로 작성한 환어음을 제출함으로써 매입은행이 개설은행으로부터 신용장대금을 수취할 수 있도록 한다.

결론적으로 신용장방식의 거래에서 환어음이 필요한 이유는 개설은행에서 수출자에게 직접 신용장대금을 지급하는 것이 아니라 수출자는 매입은행에서 신용장대금을 지급받고 개설은행에서는 매입은행에 지급해야 하기 때문에 이런 관계를 명확히 하기 위해서 수출자가 개설은행에 신용장대금을 매입은행에 지급해 달라고 요청하기 위해서다.

환율(Exchange Rate)

서로 다른 통화의 교환비율을 뜻하며 우리나라 외국환은행에서 고시하는 대고객매매율은 다음과 같다.

① 현찰매입율－고객이 은행에 현찰을 팔 때 적용하는 환율

② 여행자수표 매입율－고객이 은행에 여행자수표를 팔 때 적용하는 환율

③ 전신환매입율－고객이 외국에서 송금된 돈을 지급받을 때 적용하는 환율

④ 매매기준율－현물환거래량을 가중 평균하여 산출하는 시장평균환율로서 정부에서 고시하는 환율

⑤ 전신환매도율－고객이 외국에 송금할 때 적용하는 환율

⑥ 여행자수표 매도율－고객이 은행에서 여행자수표를 살 때 적용하는 환율

⑦ 현찰매도율－고객이 은행에서 현찰을 살 때 적용하는 환율

환적(Transshipment)

물품을 선적항에서 도착항까지 같은 선박으로 운송하지 않고 중간기착지에서 다른 선박에 옮겨 싣는 것. 목적지까지 항해하는 선박이 없거나 있더라도 자주 운항하지 않을 때 수입자의 동의하에 환적이 이루어진다. 단 Feeder선을 이용하는 것은 환적으로 보

지 않으며 선적항의 선명과 하역항의 선명이 다른 경우는 환적으로 본다.

회전신용장(Revolving L/C)

동일한 수출자로부터 동일한 물품을 반복해서 수입할 경우 이미 사용된 신용장을 동일한 조건의 새로운 신용장으로 자동적으로 소생시키는 신용장.

ㅎ

중앙경제평론사 Joongang Economy Publishing Co.
중앙생활사 | 중앙에듀북스 Joongang Life Publishing Co./Joongang Edubooks Publishing Co.

중앙경제평론사는 오늘보다 나은 내일을 창조한다는 신념 아래 설립된 경제 · 경영서 전문 출판사로서
성공을 꿈꾸는 직장인, 경영인에게 전문지식과 자기계발의 지혜를 주는 책을 발간하고 있습니다.

무역용어 지식사전

초판 1쇄 인쇄 | 2024년 2월 10일
초판 1쇄 발행 | 2024년 2월 15일

지은이 | 이기찬(KeeChan Lee)
펴낸이 | 최점옥(JeomOg Choi)
펴낸곳 | 중앙경제평론사(Joongang Economy Publishing Co.)

대　　표 | 김용주
기　　획 | 백재운
책임편집 | 정은아
본문디자인 | 박근영

출력 | 영신사　종이 | 한솔PNS　인쇄 · 제본 | 영신사

잘못된 책은 구입한 서점에서 교환해드립니다.
가격은 표지 뒷면에 있습니다.

ISBN 978-89-6054-329-4(03320)

등록 | 1991년 4월 10일 제2-1153호
주소 | ㊥ 04590 서울시 중구 다산로20길 5(신당4동 340-128) 중앙빌딩
전화 | (02)2253-4463(代)　팩스 | (02)2253-7988
홈페이지 | www.japub.co.kr　블로그 | http://blog.naver.com/japub
네이버 스마트스토어 | https://smartstore.naver.com/jaub　이메일 | japub@naver.com
♣ 중앙경제평론사는 중앙생활사 · 중앙에듀북스와 자매회사입니다.